COLLE

Éric Fottorino

Petit éloge du Tour de France

Gallimard

© Éditions Gallimard, 2013.

Né en 1960, Éric Fottorino passe son enfance à Bordeaux puis à La Rochelle où il pratique avec passion la course cycliste. Plus tard, il passera une licence de droit avant d'entrer à Sciences Po. C'est en 1981 qu'il publie son premier article dans le journal *Le Monde*, où il sera chargé des matières premières et du continent africain à partir de 1986. Il y sera successivement grand reporter, rédacteur en chef, chroniqueur, puis directeur, jusqu'en février 2011.

En 1991 paraît son premier roman, *Rochelle*, l'histoire de Paul Dupaty, un enfant naturel qui cherche les traces de son père absent dans une cité océane qui désarme ses navires. Mais comment trouver l'auteur de ses jours quand il n'est plus qu'une ombre sur les photos de famille ? En 2001, il participe à la course du *Midi libre* à la fois comme coureur cycliste et comme journaliste. Il relate cette expérience dans *Je pars demain*. *Caresse de rouge*, paru en 2004, raconte comment un père, Félix, tente de jouer le rôle d'une mère auprès de son petit garçon, Colin. Ce roman a reçu le prix François Mauriac. Quant à *Korsakov*, véritable plongée dans le trouble identitaire, il a été récompensé par le prix Roman France Télévision 2004 et le prix des Libraires 2005. Éric Fottorino a également publié *Baisers de cinéma* en 2007 (prix Femina) et *L'homme qui m'aimait tout bas*, qui a reçu le Grand Prix des lectrices de *Elle*, en 2009. Il est aussi l'auteur de *Questions à mon père* (2010), *Le dos crawlé* (2011) et *Mon tour du « Monde »* (2012). Eric Fottorino poursuit une œuvre où la quête des racines et de l'identité est au cœur de personnages fragiles cherchant à se construire un destin. L'enfance est pour lui une source d'inspiration sans cesse renouvelée.

Découvrez, lisez ou relisez les livres d'Éric Fottorino :

CARESSE DE ROUGE (Folio n° 4249)
KORSAKOV (Folio n° 4333)
ROCHELLE (Folio n° 4179)
PETIT ÉLOGE DE LA BICYCLETTE (Folio n° 4619)
BAISERS DE CINÉMA (Folio n° 4796)
NORDESTE (Folio n° 4717)
UN TERRITOIRE FRAGILE (Folio n° 4856)
L'HOMME QUI M'AIMAIT TOUT BAS (Folio n° 5133)
QUESTIONS À MON PÈRE (Folio n° 5318)
LE DOS CRAWLÉ (Folio n° 5515)

*À la mémoire de mon ami Didier Mestre,
loin devant dans les montagnes du ciel.*

Un petit vélo dans l'athlète

J'ai couru mon premier Tour de France à l'âge de onze ans. Je m'appelais Luis Ocaña et j'allais terrasser l'ogre Eddy Merckx. Je portais le maillot jaune durement conquis après une chevauchée donquichottesque sur la route d'Orcières-Merlette (je préfère dire Sorcières-Merlette), dans les Alpes surchauffées de l'été 1971. Je lui avais dévoré le paletot à même le dos, à même la peau, fil d'or après fil d'or. Il pouvait courir pour le récupérer. S'il avait accroché son casse-croûte à ma selle, il n'aurait pas mangé de sitôt. J'étais Ocaña, avec son air racé de torero, fines attaches, sang écumant dans les veines, regard noir porté vers les sommets, dos arrondi de chat qui feule. J'avais déclenché une de ces offensives qui vous projettent directement dans l'Histoire. L'ogre avait vu disparaître, impuissant, mon maillot orange de l'équipe Bic. J'appuyais, j'appuyais, je volais comme avant moi tous les grimpeurs de la Légende des cycles, et d'abord Federico Bahamontes, l'aigle de Tolède, victorieux de la Grande Boucle 1959. L'Espagne poussait sa corne jusqu'aux Alpes, aurait chanté Nougaro, et cogne, cogne, Ocaña, tandis que les épaules de Merckx tanguaient. Pour la première fois il allait lâcher prise, s'enliser dans le bitume liquéfié par ce même soleil qui avait naguère tué Simpson dans les caillasses du Ventoux en fusion.

Tous les grimpeurs de l'Olympe, Bahamontes je l'ai dit, mais aussi Charly Gaul, ou encore Jimenez, Fausto Coppi, Bartali. Toutes ces ombres portées par les pentes du Tour se retrouvaient dans chaque coup de pédale par lequel Luis et moi son double devenions des Grands d'Espagne. Le Montois à l'accent ibère prit la tunique sans coup férir, une belle feria en vérité, avec un Belge estoqué, saigné au flanc, qui ne s'avouait pas vaincu. Dès le lendemain, la course basculant des sommets vers la plaine, Merckx descendit à tombeau ouvert, faisant vivre au peloton, à son leader tout neuf, à ses suiveurs ensommeillés, le plus cauchemardesque des départs. Une époustouflante mise en selle. Blessé dans son amour-propre, Eddy était un danger public. Écrasant sa bécane pour rouler encore plus vite, semant en route les motards apeurés, il resta deux cents kilomètres les pieds au plancher, ne reprenant à l'arrivée qu'une petite minute à l'impérial Luis qui avait mieux que limité les dégâts, porté, transporté par sa précieuse tunique qui serait bientôt de Nessus.

Le Tour était fini. Merckx allait perdre. Un vent de panique s'était abattu. Merckx, perdre ?

L'après-midi après la retransmission télévisée de l'étape, j'enfourchai mon vélo demi-course auquel j'avais fait subir quelques outrages voulus par le duel sans merci que je livrais au champion belge. Ma monture s'était délestée de ses garde-boue et de ses feux, trop lourds, trop pépères. J'avais même perforé à la diable les cocottes de freins pour gagner par-ci par-là de précieux grammes. Il s'agissait de grimper les bosses comme un avion une fois lancé dans la Chalosse avec mes copains tout aussi piqués de vélo que moi. Je roulais avec les gamins du village des Pins, à Dax, le quartier de mes grands-parents venus d'Afrique du Nord. Mes principaux concurrents étaient les trois frères Ascencio. Fils d'un rapatrié véloce et coriace, ils pédalaient sur les « courses » nerveux de leur père. Des engins trop grands pour eux mais très racés. Ces bécanes avaient jadis gagné de belles épreuves cyclistes au Maroc, sur les routes de l'Atlas. Voilà qui m'en imposait. La lutte était âpre. Si l'habit ne fait pas le moine, le vélo pur-sang fait un peu le coureur. Alors avec mon Peugeot trafiqué, je m'employais tous les aprèm à devenir Luis Ocaña bien que je n'entrave pas un traître mot d'espagnol sinon celui qu'on criait à la feria les jours de corrida : *Olé !* On peinait, on soufflait, on était au paradis dans le royaume enchanté de la petite reine.

Vinrent les Pyrénées, leur Tourmalet, leur col de Mente, leurs nuages, leurs orages. Toute l'Espagne avait traversé la frontière pour encourager Luis couvert d'or et bientôt de sang. Car il y aurait du sang et une odeur de mort, une ambiance d'arène dans l'après-midi, côté ombre. Dès la descente du col de Mente, Ocaña s'installa aux avant-postes. Devant ma télé, je le buvais des yeux. Ses muscles répondaient parfaitement. Pas ses freins. Dans un virage en épingle, la chaussée glissant plus qu'une savonnette, il chuta lourdement. La pluie redoublait, l'orage grondait, des éclairs tenaient lieu de flashes aux reporters médusés qui « non-assistaient » une personne en danger, un champion en charpie. Il était blessé mais il remonta sur son vélo car le jaune dominait encore sur son torse et il était fier et courageux. Finalement, des spectateurs l'aidèrent à se tenir sur sa selle. « Il repart, il repart ! » criai-je. Illusion. Il ne repartit jamais. Lancé dans la purée de pois, sous des trombes d'eau, le Portugais Joachim Agostino (qui se tua des années plus tard en percutant un camion), Joachim le plus « bonne pâte » des coureurs, le plus doux, lourd et chaud comme un *toro de fuego*, Joachim percuta Luis, suivi de Zoetemelk, dont le patronyme voulait dire lait sucré. Les côtes perforées, Luis était perdu. Luis avait perdu. Il s'évanouit. Ses rêves d'envol passèrent soudain par les pales d'un hélicoptère. L'Espagne pleura, moi aussi.

Dans le salon de mes grands-parents, tous volets fermés face au soleil et au deuil, je fus le beau Luis, le ténébreux, le veuf et l'inconsolé du vélo. Il fallait agir sans tarder, trouver la parade. Sur le carrelage frais du couloir qui reliait les chambres à la cuisine, je vengeai le fier Castillan à coups de dés magistraux un rien pipés, qui propulsèrent loin devant mon petit coureur d'acier au sublime maillot Bic, pareil à une flamme orange. Il lâcha Merckx, Poulidor, Thévenet, Gimondi et tous les autres. Il monta vers la lumière et n'eût été ma timidité, ajoutée à une orthographe défaillante, j'aurais adressé sur-le-champ ce télégramme au blessé grave recueilli à l'hôpital de Luchon : « Cher Luis, stop, dormez en paix, stop, pour moi aucun doute, stop, vous avez gagné le Tour 71. »

Le lendemain, Merckx refusa d'endosser le maillot jaune. Noblesse tout espagnole. Je n'en attendais pas moins de ce seigneur pour qui battait en trois temps — deux sourds, un furtif — mon jeune cœur (on m'avait découvert un léger souffle qui ne m'empêchait pas de rouler à perdre haleine). Le roi Eddy ne s'estimait pas digne de ravir son paletot sur le tapis vert. Deux ans plus tard, Ocaña gagna un beau Tour, mais Merckx était resté chez lui. Comme si, par pudeur, il n'avait pas voulu être le témoin des noces d'Ocaña avec la Grande Boucle. Ce fut ma première leçon de cyclisme : un mélange de haute lutte, de bagarre sans merci, d'héroïsme et de malchance, d'injustice et d'honneur.

Plus de quarante ans ont passé, et je n'ai cessé de défendre ces valeurs, d'y croire malgré les tricheurs et leurs complices qui ont mis à mal les idéaux du Tour. L'héroïsme n'est plus de mise. Le dopage a assommé la fête. Depuis l'été 71, j'ai été Merckx pour le panache, le courage et la classe, pour la course en tête par tous les temps, pour le record de l'heure érigé en torture. J'ai été Maertens pour la vitesse. J'ai surtout été Thévenet avec sa volonté de fer et son menton conquérant. Thévenet en poster dans ma chambre d'adolescent à La Rochelle, entre Coppi et Merckx. L'homme qui mit fin au règne du Cannibale méritait tout mon respect. Bourguignon, tête de têtu, grimpeur puncheur, sous son maillot Peugeot à damier, il avait de jolis pions dans ses mains — et dans son jeu de jambes, admirables en danseuse. Muscles noueux comme ceps de côte-de-nuits : question côtes, il en connaissait un rayon. N'avait-il pas triomphé une année dans le Tourmalet, quelques jours seulement après une chute qui l'avait laissé inconscient, se demandant ce qu'il faisait sur son vélo ? Il avait porté le maillot tricolore, il lui fallait un maillot jaune.

Ce fut fait en 1975, toujours dans ces Alpes dont Merckx avait fini par se méfier. Dans l'étape de Pra-Loup (et bien sûr, mes peurs enfantines cherchaient le Grand Méchant Loup...), le Cannibale portait beau son paletot jonquille. Il dominait tant qu'avec son panache habituel il s'était détaché. Derrière lui chassait Felice, le grand Gimondi, vainqueur du Tour 1966, un de ces champions qui ont dû maudire le nom de Merckx, tant le Belge lui «vola» de victoires. Combien de Tours aurait gagné Felice sans cet insatiable? Derrière encore souffrait Thévenet, lucide mais distancé. Puis l'écart se stabilisa. Il faisait très chaud, les chromes des pare-chocs brillaient loin devant, là où Merckx accomplissait sa fantastique chevauchée, pareil au temps de ses vingt-cinq ans lorsqu'il éparpillait le peloton comme les perles d'un collier brisé.

Soudain Thévenet rattrapa Gimondi, le sema. Restait le jaune, loin devant. Thévenet était de mieux en mieux. Merckx marquait le pas, insensiblement. Dans un long faux plat, la caméra juchée sur la moto le montra même à l'ouvrage, dodelinant, collé à la route. Et Thévenet fondit sur lui, entre deux lignes de spectateurs formant déjà une haie d'honneur. J'en perdis le souffle, devant mon téléviseur. Je m'arc-boutai sur d'imaginaires pédales pour transmettre au Bourguignon tout mon influx nerveux à travers l'écran! Sur la chaussée, deux coureurs pouvaient à peine se tenir côte à côte. On revit un instant le *mano a mano* Anquetil-Poulidor de 1964 au sommet du puy de Dôme, le grand bluff d'Anquetil. Mais là, pas de bluff. Pas de round d'observation. Thévenet bondit sur la gauche, dépassa Merckx en trombe, sans lui faire l'aumône d'un regard. Il lui prit cinq mètres, dix mètres, cinquante, il lui prit toute sa vie d'un coup.

Je continue l'appel. J'ai été Van Impe le Lutin, puis Hinault le Lutteur. J'ai été Fignon le flingueur, frère d'âge et de courage, j'ai ri avec lui, j'ai enragé de ses huit petites secondes qui le rejetèrent dans l'enfer des seconds, à un zeste de LeMond, en 1989. Puis l'âge venant et les cheveux tombant, j'ai été Pantani le Pirate, au panache inquiétant de Méphisto.

Je n'ai jamais été Armstrong.

Je n'ai plus été personne. Aucun contemporain ne m'a plus fait rêver sur deux roues.

Il fut un temps où le dopage ne tenait pas le haut du pavé, et les dieux du Tour de France régnaient dans leur habit d'or que rien ne venait ternir, ou si peu. Pour un Tom Simpson, malheureuse victime des amphétamines, combien de champions ont gardé intacte leur aura. Bien sûr, à y regarder de plus près, on peut trouver que les Géants de la route n'ont pas fait de vieux os, Fausto Coppi (curieux, ce Faust dans le prénom), Louison Bobet, Jacques Anquetil, mon héros Luis Ocaña… Mais le dopage ne faussait pas le classement des épreuves comme il le fit dans les années noires de l'EPO. Quand cyclisme s'est mis à rimer avec cynisme.

Lassé par les faux héros de l'époque, je suis devenu une créature de Jules Verne confondant sa bicyclette avec une machine à remonter le temps. J'ai été Coppi, sa réincarnation même. Mon nom ne sonnait-il pas comme Fausto ? Ne s'était-il pas échappé à jamais, et bien trop tôt, l'année de ma naissance, en 1960 ? Ces indices m'ont facilement convaincu qu'il y avait du Coppi en moi, le pouls lent, les jambes longues, un cœur gros comme ça pour manger les montagnes. Mes exploits se confinèrent modestement à des côtes pour kermesses de village quand le grand Fausto, sur son vélo perché, albatros en chair et en eau (peu de chair et beaucoup d'eau), conquit le monde entier. Il n'empêche, combien de fois, pressant les pédales dans l'Aubisque ou le Tourmalet, rêvant de grandeur pour me soustraire à la douleur, j'ai pris mon souffle pour la respiration de Coppi, confondu Fotto avec Fausto ? Tous deux blêmes d'efforts, créatures de plâtre, le Campionissimo volant vers son apogée, moi rentrant dans le cortège des « etc. » qui resteront étrangers aux lumières de la gloire cycliste...

Je fus encore Bobet du temps où on l'appelait Bobette et qui pleurait de douleur et de rage face à la défaite, quand le facétieux Hassendorfer lançait à la cantonade : « Moi des Bobet, j'en ai un dans chaque jambe ! » Bobet quand on me criait dans les rues de Bordeaux, comme je fonçais vers l'école sur mon petit vélo, vers 1967 ou 68 : « Baisse la tête, t'auras l'air d'un coureur... », ou encore : « Vas-y Bobet ! » Mon ombre me dépassait, je m'époumonais à vouloir la rattraper. Je fus

Roger Rivière avant sa chute de demi-dieu dans le col fatal de Perjuret. Je fus Géminiani dans ses larmes de perdant, dans ses coups de gueule de vainqueur. Je fus Charly Gaul en petit bonhomme de pluie, tous derrière et lui devant, je fus Darrigade déboulant tel un bolide sur l'anneau de Bordeaux, je fus Rik Van Looy qu'une amie s'obstinait à appeler Riche Van Looy et que je renonçai à corriger tant elle avait raison : riche de classe, de sprints victorieux, de coups de reins implacables coupant la ligne blanche de l'arrivée. Je fus Kübler zigzaguant dans l'Izoard, s'étranglant dans les lacets pentus et parlant de lui à la troisième personne du très singulier. « L'Izoard n'est pas un col comme les autres », l'avait prévenu le Grand Fusil alias Gem, on aura reconnu Géminiani. « Ferdi coureur pas comme les autres », répondit le coucou suisse, toujours à l'heure dans le malheur. Je fus Koblet le supersonique, le supertonique, sortant son peigne et déclenchant son chronomètre pour mesurer les dégâts creusés sur la route d'Agen. Plus loin dans le temps je fus Robic dit Biquet, tête dure et casque de cuir, têtu comme un Breton, premier gagnant du Tour d'après guerre, échappé dans la côte de Bonsecours et filant à toute berzingue vers la Cipale de Vincennes.

Bien avant, je fus Eugène Christophe réparant seul sa bécane accidentée dans un atelier de Sainte-Marie-de-Campan, perdant à jamais le

Tour de France 1913, mais gagnant l'admiration d'un peuple et ses lettres d'or dans l'histoire du cyclisme. Le coureur malchanceux avait vu ses espoirs se briser en même temps que sa fourche, alors qu'il avait franchi le sommet du Tourmalet en deuxième position, certain de remporter l'épreuve. L'histoire a été mille fois racontée, et sans doute la montagne résonne-t-elle encore, dans les silencieuses nuits d'hiver, des coups de marteau que Christophe l'enragé donna sous l'œil du forgeron, alors obligé par le règlement de ne pas prêter main-forte à cet envoyé du Déluge. Le ventre creux, le forgeron avait voulu s'éloigner un instant. Le Vieux Gaulois lui intima l'ordre de rester auprès de lui pour pouvoir témoigner qu'il n'avait pas triché... « Si vous avez faim, avalez vos excellents boulets de charbon », lança, pas commode, l'apprenti Vulcain aux méchantes bacchantes...

Je fus aussi le célèbre Lapize montant chaque fois d'un octave au milieu des cols pyrénéens, mort au champ d'honneur de la Grande Guerre après avoir gagné le Tour, mais dont le nom s'immortalisa sur mes socquettes quand les courroies de cuir de mes cale-pieds portaient son patronyme : Octave Lapize.

Je fus un coureur amateur négligeable mais un fanatique des héros du Tour, vacciné avec un rayon de bicyclette, mais quelle idée de parler de piqûre...

Petit éloge du soleil d'automne

Ce soir le ciel s'est dégagé. Un ciel pur qui donne des ailes au cycliste. Depuis hier nous vivons à l'heure d'hiver. Le soleil est une boule de feu qui joue les muletas au bout de la route. Un gâteau de miel qui fond. J'ai enfourché ma bécane, le « Jimmy Casper » offert il y a onze ans par l'ancien sprinter de la Française des Jeux, lors de ma participation à l'épreuve du *Midi-Libre* avec les professionnels. On m'a gentiment proposé de me repeindre le vélo, d'apposer mon nom dans le médaillon du cadre à la place de celui de Jimmy. « Surtout pas, malheureux ! » ai-je protesté. Je garde ce cadeau unique dans son jus. Qui aurait l'idée de repeindre un pur-sang ?

Me voici sur les routes qui mènent à l'île de Ré. J'ai passé un cuissard à jambières : le fond de l'air est frais. J'ai enfilé mes chaussures de cycliste qui se fixent au moignon des pédales automatiques. Solidaire avec la machine, machine à pédaler moi-même, bonnet enfoncé sur la tête.

Dans la poche de ma veste polaire, une pompe miniature et une chambre à air ultrafine d'un noir intense roulée serré, appétissante. On croirait une galette de réglisse. Mes jambes en fuseau tombent droit autour du pédalier. Je fends l'air transparent. Les vitesses claquent dans un bruit sec, comme au flipper les parties gratuites. Mon dérailleur chante, la roue libre bourdonne, un essaim d'abeilles. Et au loin la boule de soleil mouline son miel par-dessus les arbres rouges de l'automne, par-dessus les feuilles de vigne roussies, par-dessus l'océan qui scintille. Je me retrouve dans l'éternel cycliste, sur les routes de mon enfance, de ma jeunesse, de ma vieillesse qui n'est pas pressée. Dans les champs des dizaines de mouettes et au milieu un corbeau en habit noir. Dans les champs des dizaines de corbeaux et au milieu une mouette immaculée. Qui est noir, qui est blanc, dans le Tour de France ?

La roue tourne. On a relié l'île au continent. Au loin le pont bombe le dos. La manche à air rouge et blanc ressemble à la trompe d'un éléphant sans éléphant. Une trompe pour animal de cirque. Je fonce tête baissée, poursuivi par un cortège de champions. Ils sont tous là, ceux d'hier, Anquetil, Bahamontes, Merckx, Hinault, Fignon. Ils mènent la chasse derrière moi. Je suis encore en tête, mais pour combien de temps ? Un homme seul peut-il résister à l'histoire du vélo, aux légendes lancées à ses trousses ? Je ne connais de peloton que d'exécution. Ils m'auront rattrapé avant le pont, c'est couru. Pourtant, j'ai un petit vélo dans la tête qui tourne à plein régime. Croyez-moi ou non, ça m'est égal, il m'arrive de me retourner pour voir s'ils ne sont pas juste derrière moi. J'entends leur haleine, leurs pneus gonflés à bloc qui chuintent et crissent. Ça fait *zip*, *blop* et *wiz* comme dans le *Comic Strip* de Gainsbourg. Je me fais mon film. Je suis dans le film. C'est l'étape reine du Tour. J'y suis. Il faut que je tienne. Ma roue avant vient d'entrer sur le pont. Un virage. Pas question de freiner. Tu freines, tu perds. Mon vélo a le rhume des freins. Ce n'est pas le printemps. Pourtant, c'est ainsi. Je grimpe assis. La douleur grimpe elle aussi, dans les cuisses. Pas question de ralentir. Coppi pourrait me planter là, suivi de son ombre qu'on appelle Bartali. Merckx est sans doute en embuscade. Poulidor a accroché ses bretelles au maillot d'Anquetil. Fignon éclate de rire en entendant le nom d'Hinault. « Qui ça ? » demande-t-il, hilare. Je monte en force. Ils peuvent bien se moquer, me garder dans la mire, voir en moi une souris pour gros chat pelotonné. Je roule dans le soleil d'automne, celui qu'on peut regarder en face, jaune comme le maillot que je vais endosser tout à l'heure.

Je roule sur l'eau, sur les vagues qui se plissent. Je m'accroche à leur crinière blanche. Je roule par-dessus les spis gonflés, les voiliers lancés sous le pont. Le soleil sans crier gare vient de tomber dans la mer. Le disque étincelant a disparu. Je pédale dans le bleu léger. La douleur a monté d'un cran pour les cent derniers mètres d'ascension. Elle cisaille maintenant le haut des cuisses, le creux des reins, ma posture d'airain. Douleur signalée dans le col du fémur. Mon ombre animée se découpe dans une lueur orangée sur le mur de béton du pont. Bonheur du bon air. Le bleu de la mer et le bleu du ciel ne font plus qu'un seul bleu, cousu par le fil de l'horizon. Il faudrait rentrer, faire demi-tour. On m'attend chez moi. Puis-je m'attribuer la victoire d'étape ?

Soudain, il fait sombre. J'ai cinquante-deux ans, bientôt cinquante-trois. Il y a cinq minutes, quand le soleil frimait encore dans le jour ensorcelé, j'avais onze ans, douze, treize, quatorze, quinze ans. Puis le compteur s'est emballé. J'avais l'âge de ma passion, j'entendais les vivats. Plus rien à présent. Je suis surpris par la nuit. On va s'inquiéter chez moi. Ma femme, mes enfants. Hier, c'était ma mère, le gamin n'est pas encore rentré, il n'a pas de lumière. Combien de fois suis-je revenu trop tard de l'entraînement, trempé, mouillé de sueur et de pluie — des kilos de pluie —, d'effroi et d'obscurité, le souffle des camions dans mes cheveux en bataille, les yeux rougis de moucherons, le cœur au galop sur ses trois pattes, *boum-boum-pfuit*. Au retour, un héron s'est envolé devant moi entre chien et loup, plus loup que chien. Ses ailes ont cisaillé l'air du soir. Ça sentait l'iode et le bois qui brûle dans les cheminées. Tour de France, tour d'enfance.

Petit éloge des forçats de la route

Plusieurs fois déjà, le mot s'est glissé sous ma plume comme les pavés sur le parcours de Paris-Roubaix : forçat. L'origine est lointaine. Il faut remonter à près d'un siècle et suivre à la trace le grand reporter de l'époque, celui qui reste l'emblème des journalistes aventuriers. Ayant qualifié de « guillotine sèche » le bagne de Cayenne, Albert Londres parla naturellement de forçats lorsque, dépêché sur la « Grande Boucle » 1924, il reçut au visage la souffrance de ceux qu'on appellerait aussi les « géants de la route ». Parus dans *Le Petit Parisien*, rédigés dans un style allègre, très précis et non dénué d'humour, ses « papiers » font toujours mouche. Tout est déjà dit sur ce qui deviendra la tragédie du cyclisme professionnel : l'abus de substances aussi stimulantes que toxiques, les rythmes infernaux, les difficultés surhumaines, la dureté des règlements parfois imbéciles qui transforment l'épreuve en une espèce de double peine. Tout est là, et pourtant le mythe du Tour de France a tenu encore près de quatre-vingt-dix ans après les écrits du grand reporter qui s'était fixé pour mission de porter « la plume dans la plaie ». Jusqu'au Tour 1998 qui vit le grimpeur Marco Pantani remporter une épreuve ternie par l'avènement de l'EPO — arme de destruction massive par le dopage s'il en fut —, nul n'avait vraiment perçu le témoignage d'Albert Londres comme le signe précurseur d'une descente aux enfers.

Il n'est pas anodin de citer le nom de Pantani. D'abord, parce qu'il était italien comme Ottavio Bottecchia dont Londres suivit l'épopée victorieuse de 1924, notant pour notre plaisir que de l'intéressé on voyait d'abord son nez, Bottecchia se trouvant immédiatement derrière celui-ci... Ensuite, parce que Marco Pantani fut retrouvé un soir inanimé dans un sordide hôtel de Rimini — décor ô combien fellinien —, après avoir empli ses poumons et sa cervelle de cocaïne. La déchéance suicidaire d'Elefantino, comme on l'appelait, fut à l'image de ses ascensions : fulgurante, brutale, irrésistible. Et cette cocaïne était déjà tapie dans l'ombre des pelotons depuis toujours, puisque les frères Pélissier, ces forçats de la route qui se confièrent à Albert Londres, en connaissaient déjà l'usage... pour les yeux.

Pendant de nombreuses décennies, le milieu — comme on parle de loi du Milieu ou de la

Mafia — passa sous un pieux silence les écrits du grand reporter. On les embauma sous le voile prestigieux de la littérature, comme pour mieux faire oublier que les scènes décrites étaient vraies, de cette vérité qui dérange et ne mérite que le silence. Pour que les jeux de ce drôle de cirque puissent continuer ; pour que le président de la France goûte en juillet un repos mérité, laissant son peuple en liesse et s'égosillant aux bords des routes, des plus plates aux plus pentues ; pour que les sponsors de crèmes solaires, de crèmes glacées, de poudre lessive ou cacaotée, ou simple poudre aux yeux puissent vanter en fanfare leurs bienfaits au son de l'accordéon d'Yvette Horner ou des mélodies de Charles Trenet (« On est heureux nationale 7 »), bref, pour que tout ce petit monde tourne bien rond comme les coureurs sur leurs bécanes, il fallait donner à ces courageux la taille de surhommes.

Bien sûr on ne lésinait pas sur les drames du Tour : ainsi la chute de Roger Rivière dans le col de Perjuret où cet ange de la Montagne se brisa la colonne vertébrale. Le seul champion qui aurait pu barrer la route à Anquetil vécut le reste de sa vie dans un fauteuil roulant. On resta discret sur les causes de l'accident, mais la rumeur de dopage circula très vite.

Aux côtés des Pélissier, le brave coureur Ville, surnommé aussi « Jésus » ou « Pactole », s'épanche devant Albert Londres. J'ai « les rotules en os de mort », avoue le malheureux. « Il n'y a pas de grand coureur sans grand chagrin », répond comme en écho le « maréchal » Baugé, grand ordonnateur du peloton dont il stimule chaque jour les ardeurs en dissuadant tel ou tel d'abandonner en chemin. Dieu sait pourtant si elle est semée de pleurs et de douleurs, cette route du Tour. Ils avaient raison de s'en faire une montagne, les cyclistes, même champions, du Tourmalet, du Galibier, de tous ces cols crevants à monter.

Longtemps la foule ne s'est préoccupée que de ses idoles, du spectacle grandiose offert à son imaginaire, refusant de voir la part d'ombre attachée à chaque rémouleur de kilomètres, qu'il soit obscur ou ceint d'un habit de lumière. En reporter avisé, Albert Londres avait « deux yeux de trop ». Le public, lui, préférait fermer les siens, ou ne les ouvrir que pour vibrer aux *mano a mano*, Coppi contre Bartali, Anquetil contre Poulidor, Gaul contre Bahamontes, Merckx contre Ocaña ou Thévenet. Aujourd'hui les dieux sont à terre. La magie s'est perdue. On ne peut impunément faire gober des paradis artificiels, même à des adultes qui sont restés des enfants. Les souvenirs du Tour ont du plomb dans l'aile. Trop de triche, trop d'argent, trop de soupçons dans une époque éprise de transparence. Tout cela était en germe dès le départ, dès le premier tour de roue du premier Tour de France. Mais c'était si beau, grandiose parfois, cette geste chevaleresque, ces exploits, ces décors, ces histoires captivantes d'anonymes entrés dans la gloire après une courageuse échappée, ces destins se hissant vers le Capitole à la force du jarret, au risque de s'abîmer contre la roche Tarpéienne de la défaillance, de la malchance, du vent contraire.

À propos, qu'advint-il d'Ottavio Bottecchia qui impressionna tant Albert Londres ? Vainqueur de la Grande Boucle en 1924 et 1925, on le retrouva un jour assommé au bord d'une route, mortellement blessé à la tête par une pierre qu'un paysan lui aurait jetée comme il chapardait des raisins dans sa vigne. L'homme, dit-on, garda son secret jusqu'à son dernier souffle, avant de s'en libérer en confession pour gagner son paradis... L'histoire n'est pas authentifiée, mais cette légende tragique a perduré. Comme si le cyclisme et la mort, de Bottecchia à Pantani, formaient un inséparable cortège.

Relire le *Tour de France, Tour de souffrance* d'Albert Londres, c'est retrouver l'épreuve dans sa vérité : celle où se mêlent la peine et la gloire, le sublime et le sordide.

Petit éloge du Tour en noir et blanc (1)

Dans mon enfance, il m'arrivait de vendre des fleurs coupées sur le banc de mon oncle maternel. Cela se passait au marché des Capucins, l'âme de la vie populaire bordelaise. Approchait parfois un petit monsieur au crâne ras. Sur son visage malicieux vivaient deux yeux bleus pétillants. Selon la saison, il venait se ravitailler en roses, en arums ou en tulipes. Il aimait les fleurs jaunes et manifestait un goût très sûr pour les bouquets. Il faut dire qu'il en avait reçu plus d'un dans sa jeunesse. Son arrivée était chaque fois saluée d'un respectueux et tonitruant : « Comment va maître Roger ? » Le vieux gamin répondait au patronyme de Lapébie. Il avait remporté le Tour de France en 1936, et cette nouvelle me saisit un matin dans un mélange d'émerveillement et d'incrédulité. « Roger » ne remuait pas les mécaniques. Tout ça, c'était le passé. « Vous avez gagné le Tour, vraiment ? » Je me souviens de son sourire devant ce jeunot qui se piquait de petite reine. J'avais onze ou douze ans, l'âge où les exploits ont besoin de modèle. Ceux de notre prestigieux client avaient de quoi me soulever d'enthousiasme. L'ancien champion girondin avait enlevé pas moins de neuf étapes dans la Grande Boucle. S'il avait franchi en vainqueur la ligne d'arrivée de Paris-Roubaix en 1934, il fut privé de sa victoire par une clause implacable du règlement : le routier-sprinter avait dû changer de vélo en cours de route.

Devant mon intérêt, il était revenu quelques jours plus tard avec une enveloppe épaisse remplie de photos en noir et blanc prises par des reporters de *L'Équipe*. Modeste, il n'avait glissé aucune photo de lui, ce que je regrettais. Il avait préféré nourrir mon imagination avec les champions des autres générations : Bobet dans l'Izoard (il triompha de longues années sur mon secrétaire d'écolier), Coppi s'arrosant le visage sous la canicule alpestre puis tendant son bidon au « vieux » Bartali. Charly Gaul dans un récital montagnard, sur le thème « pédalons sous la pluie ». Eddy Merckx dans ses œuvres devant Roger Pingeon à l'ouvrage. Le rictus de Kübler. La classe de Koblet. Les foucades de Géminiani. Au dos de chaque cliché, outre le nom des protagonistes, figuraient l'année et les villes-étapes.

Le cadeau valait son pesant de glaïeuls. S'il n'avait tenu qu'à moi, je lui aurais fourgué tout le banc de fleurs ! Mon premier contact avec le

Tour, ce fut ce petit homme robuste au regard pénétrant, que ses presque soixante-dix ans n'avaient guère éloigné de l'enfance, quand on se prend pour Superman. Lui l'avait été. Il avait porté le maillot jaune et celui de champion de France. Grâce à lui, j'appris que le cyclisme était d'abord une image qui s'obstinait à résister au temps. La plupart des coureurs photographiés avaient rendu leurs dossards depuis des lustres, mais sous mes yeux, dans leur jeunesse héroïque, ils rééditaient sans cesse leurs prouesses.

J'ai gardé de ce présent inattendu (et j'emploie à dessein ce mot «présent» pour évoquer le passé) une passion pour les vieilles photos du Tour. Celles où vibre encore la passion des géants de la route et du petit peuple agglutiné le long des fossés pour les soutenir. Sur ces tirages argentiques, tous sont encore vivants. En voici un florilège. En commençant par une partie de campagne...

Le Tour par monts et par vaux (1933)

«Les villages sont la vraie Inde», disait Gandhi. Entre les deux guerres, les fermes sont la vraie France. Il arrive que le peloton forme un troupeau mélancolique, musardant à travers le pays profond comme pour s'en imprégner dans ses moindres fibres. Sur un cliché du Tour 1933, la vision d'une paire de bœufs attelés rappelle qu'à cette époque, les tracteurs « petit gris » sont encore inconnus. Il faudra attendre le plan Marshall, une bonne décennie plus tard, pour les entendre pétarader, tandis que Trenet chantera « Douce France ». Les coureurs traversent une campagne qui se croit éternelle, marchant lentement au pas des bêtes et puisant sa subsistance dans la terre. Un monde agreste d'avant la motorisation et le grand chambardement de l'exode rural. Les champs d'honneur convertis en champs de coureurs, le temps d'une pédalée champêtre.

Pour cette France modeste et paysanne qui ne descend jamais en ville, la France des gens de peu, le Tour apporte un spectacle grandiose sous les fenêtres, à domicile, dans les plus petits bourgs, les hameaux les plus reculés, là où grandira plus tard le « désert français ». Devant cette féerie venue de nulle part, il n'y a pas de grandes personnes. Un paysan et son fils, tous deux figés dans leurs gestes, sont deux enfants émerveillés. Les forçats de la route dont les noms résonnent chaque jour dans le poste de radio arrivent paisiblement chez eux, dans les odeurs de paille et de lait. Sans doute essaient-ils de reconnaître les champions du moment. Les Français Maurice Archambaud, premier maillot jaune de l'épreuve avant de s'effondrer dans le col d'Allos, les frères ennemis André Leducq ou Antonin Magne, ou encore le puissant Georges Speicher, un ancien nageur, qui s'adjugera ce Tour 1933. À moins qu'ils ne recherchent un plus petit gabarit, le grimpeur espagnol Vicente Trueba, surnommé «la puce de Torrelavega», qui remportera haut la main le premier grand prix de la montagne créé cette année-là. En bons patriotes, leurs regards sont forcément attirés par les maillots tricolores de la prestigieuse équipe de France qui compte aussi dans ses rangs Charles Pélissier et Roger Lapébie.

Sur un autre cliché, le Tour est dans la cour… ou presque! Il vient à présent se faire voir dans l'eau du lavoir. Après la campagne, la montagne. Pas une ride sur l'eau, mais une sacrée surprise pour une paysanne en sabots à qui un petit groupe de coureurs rend visite sans façons. Un instant, elle délaisse ses bassines pour observer cette folle sarabande qui se déploie entre Ax-les-Thermes et Luchon. Des vélos, des autos. On suppose des cris, des klaxons, pendant que passe ce drôle d'essaim ventre à terre et boyaux au dos. La civilisation moderne fait irruption dans un univers ancestral de lenteur.

On imagine qu'en d'autres temps, ces rémouleurs s'accorderaient volontiers une halte gastronomique. Qui n'a pas pensé, traversant ces modestes villages, aux merveilles cachées qui dorment au frais dans les caves et les garde-manger: les petites tomes de chèvre, les appétissants morceaux d'Ossau, ou ces délicieux fromages à croûte noire qui furent longtemps le plat de résistance des bergers. Pas question d'alourdir les musettes avec du miel aux senteurs d'acacia, ni de se désaltérer à l'eau fraîche du Gave ou d'une des nombreuses cascades qui descendent de la montagne. Oublions aussi les jurançons et les madirans : les forçats sont là pour forcer. Et s'ils avalent quelque chose, c'est la poussière des routes. À preuve, les lunettes portées au-dessus de la visière, quand le blizzard s'élève du sol faute de tomber du ciel.

Maisons et murets de pierres sèches, parterre de caillasses. C'est la France rurale et montagnarde de l'entre-deux-guerres, ces Pyrénées que le Tour attrapa pour la première fois dans sa boucle en 1910. L'année où Octave Lapize, dit le Frisé, traita les organisateurs de criminels pour avoir fait passer les cyclistes dans « le cercle de la mort », le pays de Bigorre hanté par les ours... Il en va des Pyrénées comme des pyramides. De leur sommet pointu, des siècles contemplent les champions. Plus tard, dans les années 1950, le dessinateur Pellos humanisera ces montagnes à sa façon en les affublant de visages malicieux ou terribles : le fameux « Homme au marteau », symbole de la défaillance, qui assomme les coureurs dans les cols. Et la redoutée « Sorcière aux dents vertes », figure hideuse de la crevaison, de la chute, de toutes les malchances dont sont pavés les cols.

Coppi Campionissimo (1952)

Coppi tout seul. Irrésistible, dominateur. Coppi extraterrestre, «champion d'un autre monde», comme disait de lui Géminiani. Trop fort, Coppi. Si supérieur à ses adversaires, dans ce Tour de France 1952, que les organisateurs devront gonfler la prime accordée au deuxième de l'épreuve. Il fallait bien redonner un peu de piment au reste du peloton que le Campionissimo dévora *al dente* ou tout cuit, impassible, impossible à battre. Un aigle sur la Grande Boucle. Un aigle bien élevé, prévenant, modeste et souriant, mais un rapace de la plus belle eau.

Cette dixième étape entre Lausanne et l'Alpe-d'Huez, une bagatelle de 244 kilomètres, est historique à plus d'un titre. Pour la performance de Fausto d'abord, qui a semé la panique l'air de rien, œil d'airain, à son train d'enfer. «Les Français m'ont obligé à partir en m'attaquant», dira-t-il au soir de son exploit, comme pour s'excuser d'avoir assommé le Tour. Géminiani, qui avait attaqué le premier, est resté sur place après avoir attaqué à Bourg-d'Oisans, 14 kilomètres avant le sommet. Quant à Robic, le plus accrocheur dans le sillage du bolide, grimaçant, relançant, il s'est fait larguer d'une simple accélération de l'Italien.

Pas une fois Coppi ne s'est retourné. Il s'est

contenté de presser les pédales. D'emplir plus profond ses poumons. De faire tourner ses jambes interminables encore plus vite pour emballer son braquet de titan. De solliciter la puissance unique de ses reins. Puis, il n'a plus entendu le souffle de «Biquet» dans son dos. Il n'a plus entendu ses boyaux crisser sur le bitume. Il était seul, il le savait. À quoi bon le vérifier de visu? Fausto s'est fixé cette discipline: en montagne, il avance et ne regarde jamais en arrière. Monstre de volonté, oubliant ses poursuivants comme il oublie sa souffrance.

C'est aussi l'Alpe-d'Huez qui fait entrer cette étape dans l'histoire. C'est la première fois que le Tour emprunte ces terribles virages, la première fois aussi qu'une arrivée est jugée en altitude. Le choc a été si rude que l'épreuve n'y reviendra plus avant... 1976. Coppi, lui, l'emportera sur tous les autres points culminants de l'épreuve: Sestrières le surlendemain, puis au sommet du puy de Dôme, où la vérité de ce millésime 1952 sortira tout de jaune vêtue sous les traits de l'Italien. En l'absence de Bobet, des Suisses Kübler et Koblet, la partie lui a certes été facilitée. Mais qui lui aurait résisté, cette année-là? Le Campionissimo ajoute un second Tour à sa couronne. Il ne le gagnera plus. L'ère Bobet va commencer.

Bobet en trois clichés (1950, 1955, 1958)

Concentré, énergique, volontaire, bien en ligne sur sa machine dans un effort intense, Bobet a porté l'estocade. Cette étape alpestre Gap-Briançon, elle est pour lui. Nous sommes en 1950, un des premiers Tours d'après guerre. L'allure est fluide, le vélo racé avec ses pattes de fourche chromées, ses freins à mâchoires, ses pneumatiques effilés comme de jeunes serpents. Cette image dégage pourtant le parfum primitif des Grandes Boucles d'antan : le bidon fixé au guidon, le boyau en « huit » autour du torse, le bitume râpeux comme la langue d'un chat. L'épreuve dans sa rudesse, dans son dénuement, un homme seul face à sa douleur, qui élève son humanité à chaque coup de pédale gagné sur l'altitude, sur ses adversaires. Il a la bouche ouverte : on entend son souffle. On devine son cœur battant. La casquette en bataille, le maillot de l'équipe de France sur les épaules, Bobet devient trésor national. Le public va apprendre à scander en mesure les deux syllabes de son nom, « Bo-Bet ! ». Les Alpes seront le jardin de ses plus belles victoires.

Les poursuivants ne sont pas très loin, en particulier le leader suisse Ferdi Kübler qui hennissait parfois quand il fondait sur un adversaire. Mais

Bobet tient bon. Il a la pédalée souple, l'œil perçant et lucide. Ce n'est pas le fragile Bobet. Plus de « pleureuse » ni de « Bobette » qui vaille. Dans la descente, le Breton va crever. Kübler le rattrapera, flanqué de Stan Ockers et de Raymond Impanis. Pas pour longtemps. Dès les premières pentes de l'Izoard qui vient derrière, Bobet s'envolera pour de bon. La mythique Casse déserte le verra passer nettement en tête. Ce jour-là, la victoire réclame le jeune champion breton : à Briançon, il passe la ligne détaché avec près de trois minutes d'avance sur ses poursuivants.

C'est un triomphe. Ce n'est pas encore le sacre. Le boulanger de Saint-Méen-le-Grand devra encore pétrir sa pâte avant de ramener le maillot jaune à Paris, en 1953. Cette fois, il doit se contenter du prix du meilleur grimpeur, de la place de troisième sur le podium, du titre honorifique et envié de premier Français. Mais patience. Bobet a déjà posé les jalons de ses succès futurs. Son regard tendu vers le sommet le dit avec éloquence : il sait qu'un jour viendra où, transcendant la malchance, la souffrance, les ennuis de santé qui ne l'ont pas épargné, il gagnera.

Dans l'étape Marseille-Avignon du Tour de France 1955, un homme seul gravit le géant de Provence, le Ventoux qui rend fou. Encouragé par son épouse Christiane, tout en puissance, Bobet s'arrache à la route. Le visage tourmenté,

Petit éloge du Tour en noir et blanc (1) 43

il peine, il pioche. Les mains serrées en haut du guidon, son maillot de champion du monde en guise de panache blanc, il semble en difficulté. À l'évidence, il pédale à la volonté. Il va chercher tout au fond de lui la force et le courage, la rage aussi. Il se met en danger. Bobet est-il lâché ? Son ami, le maillot jaune Antonin Rolland, l'a-t-il irrémédiablement distancé ?

C'est tout le contraire. C'est un mauvais jour et pourtant Bobet gagne. Il construit sa gloire dans la douleur. Seul encore, seul toujours. Les motos, les autos des suiveurs, il ne les entend pas. A-t-il seulement senti la présence de Christiane ? Il est enfermé au-dedans de lui. La partie se joue maintenant. Derrière, c'est la panique. L'attaque de Louison a été violente. Il est seul, oui, car il est le premier. Il connaît chaque caillasse du mont Ventoux, il avait tout calculé, savait précisément où porter son attaque, où semer ses étincelles. Il se fait mal, mais il fait si mal aux autres qu'aucun ne reviendra : ni Kübler, ni le Belge Brankart, ni Charly Gaul. *Exit* aussi Géminiani.

Le champion signe là une de ses plus belles victoires. Sur ses adversaires éparpillés dans la pente écrasée de soleil. Sur la souffrance à la selle qu'il endure en silence, quand elle devrait lui arracher des cris. Plus il souffre, plus il appuie. Et plus il inscrit cet instant en lettres d'or et de sang dans son parcours de combattant du Tour. Bobet entre de plain-pied dans la légende. Il est le premier coureur à remporter l'épreuve trois fois de suite. Mais à quel prix !

Depuis le début de l'épreuve, sa fameuse blessure ne cesse de se rouvrir et de s'aggraver. À la veille du Ventoux, elle est à vif. Son ange gardien le lettré Jean Bobet, «l'homme au masque de frère», lui a-t-il lu pour l'apaiser le début du *Recueillement* de Baudelaire, «Sois sage ô ma douleur, et tiens-toi plus tranquille, tu réclamais le Soir ; il descend ; le voici » ? À l'arrivée, il aura conservé quarante-neuf petites secondes sur Brankart. Le maillot jaune récompense cette démonstration de résistance physique hors du commun. À peine arrivé en héros à Paris, Bobet sera opéré d'une grave induration. Jamais rien ne lui fut donné. Jamais on ne l'entendit se plaindre.

Avec 1958 viennent le crépuscule d'un dieu et la naissance d'un autre. Dans cette montée de l'Aubisque, suivie d'un œil attentif par la maréchaussée en grand uniforme, Louison Bobet devance Jacques Anquetil. Tous deux courent sous le même maillot de l'équipe de France pour une édition qui reviendra à Charly Gaul. Mais les apparences sont trompeuses. Dans cette treizième étape entre Dax et Pau, le triple vainqueur du Tour cherche un second souffle qu'il ne trouvera plus. Il va terminer septième de la Grande Boucle, épreuve qu'il abandonnera définitivement l'année suivante, sur les hauteurs de l'Iseran, après avoir demandé un grog bien chaud. Hormis Bordeaux-Paris, Bobet n'obtiendra plus de succès notable. Anquetil, lui, l'a emporté haut la main en 1957, pour sa première participation. Et ce n'est qu'un début. S'il est à l'ouvrage dans la roue de son aîné, c'est qu'il n'est pas au mieux de sa forme. Il abandonnera bientôt, victime d'une congestion pulmonaire. Quand il reviendra au sommet, ce sera pour ne plus lâcher un seul fil de son maillot jaune. Il alignera quatre succès consécutifs et deviendra le premier champion à triompher à cinq reprises dans le Tour.

Souffrant ce jour-là, Anquetil démontre sa ténacité, son style unique, cette manière bien à lui de faire corps avec sa machine qui est la marque des grands champions. Anquetil coureur métronome, méthodique, comptable de son effort pour tenir jusqu'au bout. Derrière les traits émaciés du Normand transparaît déjà la maîtrise du futur «Maître Jacques». Il ne soulève pas les passions comme Bobet ou, plus tard, son rival toujours malheureux Raymond Poulidor. Mais Anquetil force l'admiration, le respect. Le public va se familiariser avec ce visage d'archange juvénile qu'il finira un jour par aimer.

Ce Tour 58 fut particulièrement pluvieux. Un temps propice à Charly Gaul, qui fit merveille sous la pluie glaciale des Alpes, entre Briançon et Aix-les-Bains. Trente ans après Nicolas Frantz, le

Luxembourg s'offrait un nouveau succès dans la Grande Boucle, Géminiani n'ayant pu conserver son maillot jaune. 1958, année de transition. Le meilleur grimpeur fut l'aigle de Tolède Federico Bahamontes, vainqueur du Tour l'année suivante. À Paris, le sprinter André Darrigade heurtera de plein fouet le jardinier du Parc des Princes qui succombera à ses blessures.

Quant au duel Anquetil-Bobet, il n'aura pas lieu. C'est Roger Rivière qui s'imposera en rival éphémère du crack normand, avant que sa chute tragique dans le Perjuret, en 1960, ne le terrasse à jamais.

Petit éloge d'un rêve éveillé

Je serai au départ du Tour 2013. Le Tour du centenaire. J'ai révisé mes classiques. Je connais mon histoire du maillot jaune sur les bouts des cale-pieds, même si les vélos modernes ont abandonné ces attaches de métal souple pour des pédales automatiques où la chaussure se greffe à la bécane. Je vais courir les 3 300 kilomètres du parcours, franchir les 28 cols inscrits au menu (deux fois l'Alpe-d'Huez dans la même journée, ils abusent...). Je ne serai pas seul. J'ai proposé au patron du Tour, Christian Prudhomme, d'emmener avec moi une vingtaine de jeunes cyclistes issus de la diversité, ressemblant à la France d'aujourd'hui. Ce ne sera pas une promenade de santé. Il faudra serrer les dents. Tenir bon. Mais quel défi !

Ce matin de la mi-novembre, j'ai enfourché mon «Jimmy Casper» en pensant à cette folle aventure qui se prépare. Croire en automne en son printemps. J'ai balancé six kilos de pression dans chaque pneu et c'est parti. J'emprunte les routes forestières des Yvelines. Il n'a pas plu mais le bitume est humide. Les abords sont couverts de feuilles jaunies qui semblent repousser la grisaille. Les maillots jaunes se ramassent à la pelle... Je m'y vois déjà. J'ai mis un braquet raisonnable pour bien tourner les jambes. En juillet, pour ce grand rendez-vous, j'aurai encore cinquante-deux ans. Ce chiffre, c'est toute une histoire. En 1975, Thévenet a fait plier Merckx avec le dossard 51. Maintenant, c'est mon tour de gagner mon Tour. Ils peuvent me contrôler tous les jours, ils trouveront dans mon sang un peu de fièvre (reliquat de ma jeunesse), l'encre encore vivace des grands papiers lus et bus dans *L'Équipe* (sous la plume d'Antoine Blondin, de Pierre Chany, de Philippe Brunel), ou dans *Le Miroir du cyclisme* (les rayons de soleil de feu mon ami niçois Louis Nucera), quelques traces d'orange pressée, de barre d'Ovomaltine, des globules jaune colza du temps où, plein d'ardeur, je me prenais pour un leader.

52, c'est le début du braquet fétiche que je tirais dans mes années de junior. 52 × 14, autrement dit cinquante-deux dents au plateau avant et quatorze dents sur les pignons arrière. De la grosse braquasse, il y a trente ans, avant que les pros se mettent à emmener des développements monstrueux (j'ai entendu parler de 54 × 11).

Pour donner un ordre de grandeur, un coup de pédale complet avec un 52 × 14 vous permet d'avancer de 7,47 mètres. Ce braquet me fascinait, même s'il me faisait éclater les cuisses. Demain je mets le 52 × 14 ! Mon cri de guerre était sans doute abscons pour les béotiens, mais je me comprenais. Si j'évoque à présent cette formule magique, c'est que j'ai ma petite idée sous le casque : j'ai cinquante-deux ans à l'avant, mais toujours quatorze ans à l'arrière.

À l'heure où je pédale sur la route encore immaculée de ces premières pages, cent dix ans ont passé depuis le Tour héroïque et très géométrique enlevé par le jeune Maurice Garin : six étapes tracées à la règle sur la carte de notre vieille France, comme les frontières rectilignes de l'Afrique coloniale. Pas de sommets montagneux à l'époque, mais de quoi vous sonner avec des départs en pleine nuit, et en avant pour 400 kilomètres sur des routes en tord-boyaux, des chemins vicinaux, sous les pavés la gloire. Salut au premier forçat solide et dur au mal, moustachu de surcroît. C'était la mode à l'époque : sans doute, le nez sur la roue et tirant la langue, faisait-il sauter de sa brosse lustrée puis vite empoussiérée les gravillons des pneumatiques. Moustache en corne de vélo, en croc de boucher, tout était bon pour chasser le silex de la gomme. Avec les trois coups de 1903, c'était parti pour 99 représentations dans ce théâtre grandeur nature de l'Hexagone, barnum et accordéon, Yvette Horner et cotillons, porte-à-porte sans porte-bagages, tous les jours dimanche et fête de juillet. Deux guerres ont eu raison de onze éditions. En 2013, voici la centième.

Ce matin, pendant que je roule, mille pensées m'assaillent. Vais-je passer les cols, le Ventoux par Bédouin, l'Alpe-d'Huez par ses vingt et un lacets ? Un ami incrédule m'a soufflé : « Si tu ne meurs pas, ce sera déjà pas mal. » Douze ans après les mille bornes du *Midi-Libre*, voilà que la véloïte aiguë me reprend. Ce sera trois fois plus long, trois fois plus dur. À mon âge, je devrai remplacer la force par la souplesse, la puissance par l'économie de moyens. Natalie, ma femme, me donne des cours de yoga. J'apprends à m'étirer, à me déplier, à respirer carré (inspire, bloque, compte 4, expire, bloque, compte 4). Je fais le chat, la cigogne, la salutation au soleil. Je me grandis comme une montagne, je me courbe comme le roseau. C'est connu, les cyclistes sont aussi souples que des verres de lampes. Il faut y remédier. J'y pense même sur mon vélo en décontractant mes mollets, ma nuque, la ceinture scapulaire qui emprisonne mes poumons. Qui viendra avec moi dans cette belle galère ? Je vais recruter des « p'tits gars » qui en veulent. Et des filles aussi. J'en sais qui me largueraient en moins de deux. On va s'entraîner pendant six mois. Le

28 juin, on sera prêts. Départ en Corse, une première pour le Tour de France.

Je pédale depuis une heure. Les muscles sont chauds. J'ai trouvé quelques bonnes bosses qui obligent à prendre le guidon comme le *toro* : par les cornes. Depuis quelques jours mon vélo rue et cabre. Impossible de l'arrêter. Mélangeant ma sueur à mon encre, me voilà embarqué presque à mon corps défendant sur ce drôle d'engin qui m'a déjà tant fait voyager — sur les routes et dans le temps —, qui m'a fait voir du pays, grimacer, peiner, jurer que plus jamais, et rencontrer des tas d'amis, des rémouleurs de bitume, sous pluie et soleil, tous derrière et bien sûr, en rêve, moi devant. Tantôt je suis Fausto, et tantôt Eddy, je suis Biquet (le vrai nom de Robic) ou Darrigade gagnant à Bordeaux. Et pour avoir, comme disait Blondin, de la Suisse dans les idées, il m'arrive d'être Ferdi (Kübler) ou le Bel Hugo (pas Victor mais Koblet qu'on prononçait Koblette). Je suis aussi Louison (Bobet). Je suis Gaul (Charly, à ne pas confondre avec Charles de, même si l'un triompha en jaune à Paris l'année où l'autre prit ses quartiers à l'Élysée).

J'en reviens à Coppi. Ses bielles qui tombent bien droit, ses jambes fleuve. Je le revois bien reculé sur la selle, la bouche ouverte. J'imagine ses tempes qui cognent pendant qu'il gagne. Il gagne dans le froid, dans le chaud, dans la solitude, dans l'éther des sommets. Il gagne le Giro à vingt ans. Il gagne le Tour 49, le Tour 52. Il gagne à l'Alpe-d'Huez. Il gagne à Sestrières. Il gagne au puy de Dôme. Il gagne à Pau. Avec Coppi en tête, je tâche de ne pas me désunir dans les montées. Mission impossible quand la route devient un mur. J'en ai dégotté un du côté de Conflans-Sainte-Honorine. Une horreur de quatre cents mètres à peine qui a au moins la politesse de se présenter : un modeste panneau indique « Côte à Boivin ». Inutile de préciser que boire un coup de rouge est fortement déconseillé pour espérer franchir le sommet. C'est une sorte de rampe façon funiculaire de Montmartre, avec une courbe au milieu pour vous masquer sournoisement le reste de la pente. Autant dire tout de suite qu'à la sortie du virage, ce qui vous attend est une incitation à renoncer, à cesser sur-le-champ d'appuyer sur les pédales.

Je ne suis pas seul. Je ne suis jamais seul, à vélo. Je rameute tous les saints du Gotha : Fausto, Nanard (Thévenet), Apo (non Marx mais Lazaridès), Eddy l'unique, son image me revient, une image de jeunesse, quand il met KO le Giro d'Italia sous la neige des trois cimes du Lavaredo, sur le toit des Dolomites, dans la pleine jeunesse de ses vingt-trois ans. J'ai une pensée pour Vietto (le roi René), pour Van Impe, pour Virenque, les trois V de la victoire en montagne. Je convoque la hargne du Blaireau Hinault, l'insolence de Fignon quand il se jouait des pentes. J'en vois du beau monde, en moins de quatre cents mètres... Il faut dire que je ne grimpe pas très vite. Jean-François Kahn, mon premier patron, me flattait jadis en m'appelant Futurino. Grâce à lui, je me suis réincarné de Fausto en Blaireau. Cette idée me tire un sourire qui vire au rictus car la route en remet un coup vers le ciel.

Disons pour faire vite, la ligne droite étant le plus court chemin jusqu'à la ligne d'arrivée, que mes métamorphoses sont liées au terrain. Si la route s'élève, je suis tour à tour et en même temps Gaul, Coppi, Jimenez et Bahamontes (à condition qu'il garde ses souliers, car il se déchaussa en 1957 et s'assit sur ses godasses au moment d'abandonner, signe d'une décision irrévocable). Je suis encore le Merckx de Mourenx en 69 (un aigle sur le Tour) car je m'autorise à être plusieurs fois Eddy Merckx. Je suis Fuente, je suis Zoetemelk. Je suis encore Pantani le Pirate, je suis l'éternel grimpeur qui monte plus haut encore que les sommets du Tourmalet ou du Galibier, qui monte au paradis et bifurque vers l'enfer.

On me dira : quelle idée de m'embarquer dans le Tour ! Ce petit vélo que je ne lâche pas, j'essaie de lui être fidèle dans la tourmente. Le voilà attaqué de toutes parts, et non sans raison, avec l'affaire Armstrong, ses dérives mafieuses, son système de triche organisée régi par la loi du silence, mélange d'intimidation et de corruption.

J'y reviendrai. Pour l'instant, j'ai le souffle coupé dans cette fichue bosse dont je vois enfin le bout. Ma tête va éclater, à moins que mon cœur éclate en premier. J'ai abaissé la fermeture Éclair de ma veste pour chercher l'air. Impression de suffoquer. Je suis seul au milieu de petits pavillons. Personne en vue. Tant mieux. Je dois faire peur avec ma bouche grande ouverte et ma trajectoire zigzagante. Nul n'emprunte cette côte à Boivin, pas plus en montant qu'en descendant. Les gens ne sont pas si fous. Ils ont tort car j'ai fait un beau voyage. Il me semble avoir rencontré plein d'amis. Les grimpeurs ne meurent jamais.

Me revoici sur le plat, en bord de Seine, direction Sartrouville. Que la route s'allonge et s'aplatisse, me revoici en Rik Van Looy, en Darrigade, en Bébert les gros mollets, en Jacques Esclassan, en Jalabert dit Jaja, en Duclos-Lassalle dit Gibus. Et qu'approche le Parc des Princes, la Cipale de Vincennes ou les Champs-Élysées, j'endosse le paletot de Maître Jacques — Anquetil —, de Walter Godefroot, de Roger De Vlaeminck, de Francesco Moser. Je suis le Fregoli du vélo. C'est fatigant parfois d'être tous ces gens-là, de les tirer derrière soi comme des vampires suceurs de roue. Qu'ils ne comptent pas sur moi pour leur emmener le sprint ! Je tire maintenant des bouts droits — longues routes ventées taillées à la serpe — et je sens leur souffle à peine imaginaire dans ma nuque. Je me souviens qu'enfant, dans la cour de récré, on posait la devinette suivante : quel est le comble du cycliste ? Réponse réjouissante venue du pays de l'absurdie : descendre de vélo pour se regarder pédaler... Eh bien, je suis en plein comble cycliste poussé à ses limites. Le nez dans le guidon, je me regarde pédaler sans même descendre de ma machine. Mon vélo fait la roue et c'est moi qui suis le paon. Je me prends pour un coureur. Je me suis toujours pris pour un coureur, mains serrées en bas du guidon, bouche ouverte mordant la poussière et le vent. Le mouvement régulier de mes jambes ressemble à une mécanique bien huilée. Je pourrais rouler ainsi tout le jour et la nuit, toute la vie...

Le plaisir de souffrir a ses limites. Il suffit que ma roue avant coupe une ligne blanche à moitié effacée sur la chaussée pour que je lève un bras. Si des badauds me voient, ils me prendront assurément pour un dingue. Tant pis. J'ai franchi en tête l'arrivée, dominant la meute d'un boyau... Toujours le même cinéma. C'est le sortilège du Tour que de vous faire rêver en (grande) boucle.

Il me reste dix kilomètres avant l'écurie. Je me relève. Je me récapitule. J'oublie un instant les ténors pour redevenir un peu moi-même, avec mes interrogations de quinqua qui dégénère. Je peux reprendre sans haleter le fil de mes pensées. Autrefois, jusqu'aux années 1980, le vélo était un sport populaire. Un formidable moyen d'ascension sociale. Combien de champions se sont extraits de leur condition à la force du jarret, combien sont passés de la misère à la gloire. La liste est longue, des Coppi et des Robic, pour remonter à l'après-guerre. Ni Anquetil ni Bobet ne roulaient sur l'or avant d'être touchés par la grâce de la petite reine. Quand le jeune Anquetil remporta son premier Grand Prix des Nations, il avait une bonne raison d'avoir faim de victoire : il ne voulait plus se casser le dos pour une misère à écumer les champs de fraises du matin au soir. Quant au teigneux Louis Bobet, il n'avait guère d'appétit pour le métier de boulanger à Saint-Méen-le-Grand (Bretagne) où son père enchaînait les nuits derrière son four. Jean Stablinski, d'origine polonaise, vivotait dans la grisaille des mines du Nord avec un diplôme de zingueur et un bon doigté à l'accordéon pour gagner sa vie. Il devint champion de France et champion du Monde sur route, rafla neuf étapes du Tour, remporta la Vuelta d'Espagne… Et que dire de Roger Walkowiak, vainqueur surprise de la Grande Boucle en 1956, que le vélo libéra de son usine à Montluçon. Comme il affranchit à jamais le Limousin Raymond Poulidor des travaux des champs…

Je m'arrête là car la roue a tourné. Pratiquer le cyclisme de compétition coûte cher. Il y a peu de chances qu'un nouveau Coppi surgisse du néant, chevauchant un vieux clou rouillé pour damer le pion à ses rivaux. Sport prolétaire, le vélo s'est embourgeoisé. Il recrute dans les rangs des vététistes et chez les adeptes du bicross, baptisé BMX. Il est devenu un sport de Blancs et de classes moyennes.

Au championnat de France sur route des professionnels, dont c'était en 2012 la centième édition, une petite étincelle a jailli avec la victoire d'un jeune sprinter de vingt et un ans nommé Nacer Bouhanni. Protégé de Marc Madiot, charismatique capitaine de route de la Française des Jeux, le coureur d'origine maghrébine a reconnu que ses congénères ne se bousculaient pas dans le cyclisme, faute de moyens suffisants pour s'équiper. Intuitivement, je suis convaincu que bien des gamins des quartiers difficiles pourraient trouver dans le vélo un sport pour s'épanouir. À condition qu'il soit accessible. Et propre.

Ma balade est finie pour ce matin. J'inspecte la chape et le flanc des pneus. Je suis champion pour déceler un minuscule gravier qui pourrait percer la chambre à air. Dans mon garage, j'ai ôté mes godasses de torero. Sorti de mes poches dorsales ma mini-pompe et mes accessoires de réparation. Mes lunettes sont embuées comme si j'avais pleuré. C'est juste que j'ai eu chaud. La sensation qu'à vélo, le plaisir et le danger ont partie liée.

Petit éloge du Tour en noir et blanc (2)

Ce sont trois photos de genre. Des stars du music-hall vont au-devant des étoiles de la route. C'est le début d'une longue tradition. Tout ce que le pays compte de célébrités viendra se faire applaudir aussi fort que les champions sur le parcours de la Grande Boucle. Des artistes, comédiens, chanteurs, rockers. Des sportifs, des coureurs automobiles, des ministres et même des présidents...

Charles Pélissier et l'impératrice Joséphine

On l'appelait le Grand Charles — il mesurait son mètre quatre-vingt-sept —, le Beau Charles, le Bien-Aimé ou encore Valentino. Et bien sûr, Charlot... Ce fils de paysan du Cantal monté à Paris avait pour atouts ses bonnes manières, son regard bleu et son nom : Pélissier. Après ses aînés Francis et Henri, grandes figures du cyclisme de l'entre-deux-guerres, Charles compléta une fratrie de légende. Henri avait remporté Milan-San Remo, Paris-Roubaix, et le Tour de France 1923. Francis s'illustra dans Bordeaux-Paris. Charles, lui, fit parler maintes fois la poudre avec une pointe de vitesse exceptionnelle. Il devint un héros du Tour en 1930, remportant pas moins de huit étapes, dont quatre consécutives, une prouesse que seul égala, soixante-neuf ans plus tard, le sprinter transalpin Mario Cipollini (avec deux ailes évidemment). Il devait au long de sa carrière rafler quelque seize étapes grâce à sa *vista*. En 1931, ses exploits lui valurent de porter le maillot jaune.

Charles Pélissier était aussi un esthète du vélo, comme en témoignent les gants blancs de cycliste dont il lança la mode (avec les socquettes assorties). 1933 ne fut pas son année dans le Tour. Il abandonna dès la troisième étape. Mais, à la différence de ses frères aînés, « Charlot » avait fait de la course cycliste une aventure poétique avant d'être une compétition sans merci. Quand Henri et Francis ne pensaient qu'à la « gagne », leur jeune frère popularisait une devise bien à lui : « Qu'importe la victoire pourvu que le geste soit beau... »

Question jeu de jambes, la sculpturale Joséphine Baker n'avait rien à envier au benjamin des Pélissier, surtout quand elle dansait le charleston sur des musiques endiablées. La star de

« La Revue nègre » était déjà célèbre et adulée pour son succès « J'ai deux amours » que fredonnait la France entière. C'est dans une tenue élégante et sobre — et non dans son pagne de bananes — qu'elle vint fleurir cette année-là le vélo du grand Charles. La scène se déroula au Vésinet, dans la banlieue verte de Paris. Encore que l'exotisme pointait son nez : cette étape était parrainée par les bananes Fyffes, très appréciées, dit-on, des coureurs de l'époque... Sans doute étaient-ils bercés par une affiche publicitaire en vogue dans les années 1930 : « Une banane, un verre de lait, il dormira mieux... »

Pour Charles Pélissier et ses compagnons de route, il n'est pas question de s'assoupir. Le Tour attire les vedettes du music-hall, de la scène et du grand écran. Il aura ouvert grands ses beaux yeux pour ceux de la « Vénus d'ébène ».

Le bel Hugo et Line Renaud

En 1951, le glamour frappe encore dans le sillage d'Hugo Koblet. La Perle, ce nom éclatant sur son maillot jaune, n'est-ce pas plutôt sa ravissante voisine Line Renaud ? La chanteuse vient de remettre au champion suisse le bouquet de vainqueur du Tour. C'est une passionnée de la grande épreuve cycliste. Un cliché de juillet 1948 la montre déjà auprès du triomphant

Gino Bartali au Parc des Princes. L'année précédente, elle a vibré pour Robic qui remporta *in extremis* le premier Tour de l'après-guerre. Et en 1949, elle s'est liée d'amitié avec Jacques Marinelli, dit la Perruche, qui se classa troisième après avoir porté le maillot jaune. Au départ, ce béguin pour la reine des compétitions cyclistes lui a été transmis par son mari Loulou Gasté, qui savait où puiser la popularité. Dans l'ouvrage de Jacques Augendre consacré aux vingt-cinq plus belles étapes de la Grande Boucle, l'artiste rapporte les paroles du fameux Loulou : « Pour conquérir le public, il faut faire le Tour de France. C'est encore mieux que l'Olympia... » Le conseil ne fut pas pris à la légère, si on compte toutes les « participations » de Line Renaud. Une longévité amicale qui durait encore en 2008, quand elle fut photographiée au départ de Brest en compagnie du maillot jaune Alejandro Valverde.

En 1951, c'est l'heure de gloire de Koblet, que le chansonnier Jacques Grello baptisa « le pédaleur de charme ». Dans la onzième étape reliant Brive à Agen, l'horloger suisse a accéléré le temps de façon inouïe, signant un exploit qui, aujourd'hui encore, reste l'un des plus sidérants de toute l'histoire du vélo. Moins d'une heure après le départ, le champion s'envole pour parcourir une échappée solitaire de 140 kilomètres. Facile dans l'effort, styliste inégalé, il tient tête effrontément à ses poursuivants qui se nomment Coppi,

Bobet, Bartali, Géminiani… « Tout ce que le cyclisme comptait de grand devint soudain ridiculement petit », dira Jean Bobet. Après la chasse aussi vaine qu'effrénée, Géminiani parlera de changer de métier… Hugo Koblet, lui, se moque de ses adversaires. Dès les faubourgs d'Agen, il envoie des baisers aux filles. Et à peine franchie la ligne d'arrivée, il déclenche son chronomètre, sort un peigne de sa poche dorsale pour cranter ses cheveux avant d'offrir sa silhouette d'Apollon aux objectifs des photographes. Hugo a écrit la légende des cycles. Il restera un météore inoubliable, longtemps après sa sortie de route fatale à trente-neuf ans, au volant de sa voiture de sport. En 1951, Line Renaud peut arborer un grand sourire. Elle vient d'embrasser un feu follet.

De Gaulle au-dessus du lot…

Jusqu'à ce jour glorieux, on ne connaissait sur le Tour de France qu'un seul grand Charles : le plus jeune des frères Pélissier, dernier représentant d'une dynastie cycliste aussi composée d'Henri et de Francis, immortalisés, on l'a dit, par les écrits d'Albert Londres. Dans cette vingtième étape entre Besançon et Troyes, les coureurs devaient rencontrer un autre grand Charles, monument vivant de l'histoire de France, qui s'était mêlé aux villageois de Colombey-les-

Deux-Églises. Prévenus peu de temps avant cette présidentielle apparition, les organisateurs Jacques Goddet et Félix Lévitan n'eurent qu'à peine le temps d'alerter les coureurs. Le peloton marquerait une halte dans le fief du Général. Ce 16 juillet, on écouterait l'homme du 18 Juin faire une brève allocution remplie d'encouragements, d'hommages à l'effort dans l'adversité. L'espace de quelques minutes, le Tour de France serait le Tour de Gaulle.

La scène est singulière. Au milieu des supporters, le chef de l'État a congratulé des champions ravis et surpris d'être à pareille fête. Certains se sont découverts, d'autres ont gardé leur casquette, c'est selon. Les mieux placés dans cette rencontre sont le maillot jaune italien Gastone Nencini, qui remportera ce Tour, le champion de France Henry Anglade, le champion du monde André Darrigade et le très populaire sprinter Jean Graczyck, dit « Popof ». Absent sur la photo, pour cause d'échappée, le coureur français Pierre Beuffeuil, un bon régional. La petite histoire veut que, retardé par une crevaison, il n'ait rien su des consignes diffusées dans le peloton pour mettre pied à terre à Colombey. Devant les coureurs arrêtés dans un virage, n'ayant pas aperçu la haute silhouette du Général, il aurait filé à toutes pédales vers l'arrivée qu'il rallia en vainqueur, quarante-neuf secondes devant le peloton, au cri de « j'ai toujours voté de Gaulle ! ».

Pour la première fois, un président de la République honorait le Tour de sa présence. Deux ans plus tôt, après une longue traversée du désert, l'homme de la Boisserie était revenu au pouvoir alors qu'un grimpeur luxembourgeois l'avait enfin emporté dans la Grande Boucle. Hasard des calendriers, facétieux télescopage des patronymes. Comme si de Gaulle (Charles) et Gaul (Charly) s'étaient donné le mot pour se propulser ensemble vers les sommets… Gaul ne l'emporta qu'une fois. Le Général, lui, allait régner encore près d'une décennie.

Petit éloge de La Course en tête

C'est un film comme un fil que je tire dans ma mémoire. La bobine est une longue route de souffrance et de gloire. Je ne l'ai jamais revu depuis sa projection dans la grande salle de l'Olympia, à La Rochelle, au-dessus du Café de la Paix aux lustres 1900, où Simenon accrochait jadis son cheval (pas aux lustres : à l'anneau fixé dans le mur extérieur, sous la voûte des arcades). Ce film s'est imprimé en moi comme aucun autre. Enfant, j'avais ri aux mésaventures d'un Bourvil aux belles bacchantes disputant un acrobatique Paris - San Remo dans une joyeuse comédie vélocipédique, *Les Cracks*. Adolescent, j'avais tremblé en regardant un vieux thriller dont j'ai perdu le titre, quelque chose comme «Une rose au guidon». Dans mon vague souvenir, un coureur trouvait chaque matin une mystérieuse rose nouée à son cintre. Il mourait dans la journée... Une musique dramatique accompagnait chaque crime... Mais le film qui m'est resté était entièrement consacré à

Eddy Merckx et s'appelait *La Course en tête*. Je garde plusieurs images fortes du roi belge. La première est une étape de montagne dans le Giro d'Italie. La caméra, probablement perchée sur l'épaule d'un acrobate à moto, est dans le sillage de Merckx. À chaque coup de pédale, on voit les mollets nerveux du champion se tendre et se détendre comme des presses.

On n'entend aucun commentaire. Seulement la bande-son qui défile comme le bitume. Les cris des *tifosi* qui soutiennent les coureurs transalpins. Au milieu de ces vivats montent des *Forza!* pour l'enfant prodige d'alors, Gianbattista Baronchelli, qu'on donnait alors comme le futur Merckx. Une poignée d'hommes s'accroche dans la roue du Cannibale. Devant, les épaules baissées, seule la tête se dressant dans un port impérial, il ne se préoccupe pas de qui le suit. Il a l'habitude des meutes à ses basques. Il sait comment les réduire. Au train. Un train d'enfer.

Au cours de l'ascension, on s'aperçoit qu'un coureur a lâché prise, puis un autre. La caméra ne devance jamais Merckx, comme par respect. La course se joue derrière lui. *Forza Battaglin! Forza!* Les coureurs luttent pour garder le contact avec leur adversaire qui les assomme par d'imperceptibles à-coups. Sans se retourner, à quoi bon mesurer les dégâts, il les sème. Ils craquent l'un après l'autre. Par un furtif contre-champ, la caméra montre un Italien distancé.

Oh, rien encore. Il pourrait recoller, il suffirait d'un petit coup de reins. Mais il n'en a pas la force. Il a perdu un mètre, puis un autre. Il semble soudain scotché à la route. Un autre compagnon d'infortune cède au lacet suivant. Devant, le rouleau compresseur poursuit son travail de sape. Soudain Merckx est seul. Tout seul. Les encouragements s'estompent. Encore quelques *forza!* sans conviction, puis c'est le silence. Un incroyable silence peuplé de cris d'oiseaux. C'est que le futur vainqueur a basculé dans la descente. La moto peine à le suivre. Il va trop vite. Imaginer que tout son poids repose sur des boyaux gonflés à bloc, dont la surface de gomme en contact avec la route n'excède pas neuf millimètres. Un calibre silencieux, une corde de funambule. La chute menace à chaque virage. La route est sèche, mais un gravillon, une flaque d'huile, un rien pourrait envoyer Merckx dans le décor. Le voici dans la grande solitude de sa victoire. Il fonce vers l'arrivée. Plus personne ne le reverra. On entend le sifflement des pneumatiques, les klaxons des autos suiveuses qui se placent déjà pour ne pas manquer une miette du triomphe. Klaxons à l'italienne. Une rumeur monte, qui se rapproche avec la banderole. Le public massé devant la ligne blanche fait un triomphe à Merckx. La première séquence que je me projette parfois quand je grimpe une rampe un peu raide. Je deviens Eddy l'Ogre du

Giro qui dévora Baronchelli, Battaglin et les pinces qu'on éjecte, qu'on sort des roues en serrant les dents.

Autre image frappante : Merckx se prépare à battre le record du monde de l'heure à Mexico. C'est en octobre de l'année 1972. Il s'entraîne sur des rouleaux d'acier, un home-trainer, dans le sous-sol de sa maison. Il a posé son vélo sur l'engin et commence à pédaler. Les rouleaux gémissent. Une petite flaque de sueur s'est formée sous le vélo qui siffle comme un catamaran. Quelques gouttes d'abord, puis un lac. Du front de Merckx tombe le Tanganyika. Nous sommes à la source de sa course folle contre le temps. Son visage a disparu sous un masque à oxygène. Il roule sur place dans les conditions de Mexico. Un air pur et raréfié. Ce qu'il gagnera en aérodynamisme, il le perdra en alimentation en CO_2. Chaque fois que ces images se reforment dans ma mémoire, j'éprouve le besoin de respirer un grand coup. L'idée même de ce record de l'heure fait suffoquer. J'étais en cours de sport le jour où Merckx s'élança sur la piste pour en découdre avec l'horloge.

Cette année-là, il avait réalisé le doublé Tour de France - Giro d'Italie. Remporté les classiques du printemps, les classiques d'automne. Quelle mouche l'avait donc piqué, qui le fit s'envoler vers le Mexique pour s'infliger cette épreuve hors normes ? J'avais demandé au prof de gym si je pouvais apporter mon transistor pendant la leçon. Requête accordée. Nous avions suivi le décompte des minutes et des tours. Merckx avait un tour d'avance sur son plan de marche, trois cents mètres et des poussières. Puis il perdit un peu du temps qu'il avait gagné sur le temps. Il espérait franchir le mur du son, à savoir la barre des 50 kilomètres-heure. Il vint mourir tout près, à 49,9 kilomètres-heure, nouveau record... Après Coppi, après Anquetil (dont la performance au Vigorelli de Milan ne fut pas homologuée, le champion français ayant refusé le contrôle antidopage), Merckx était entré dans le cercle fermé des vainqueurs du Tour de France capables de tourner en rond sur des pistes en bois ou en ciment à la vitesse de l'éclair. Je voulais croire que, par la pensée, je l'avais un peu aidé à entraîner son braquet monstrueux.

Un autre film me fait rêver. *Vive le Tour*, un court-métrage de Louis Malle sur le Tour de France 1962 remporté par Jacques Anquetil. Dix-huit minutes de noir et blanc que les *aficionados* du vélo tiennent pour une pure merveille. Le réalisateur de *Zazie dans le métro* ne s'intéresse pas aux premiers de la course. Il suit au contraire la queue du peloton, les largués, les domestiques, ceux qui font la chasse à la canette quand les hommes de tête sommeillent. Les coulisses du Tour avant l'ère du dopage et du soupçon. La chaîne Arte, qui diffusa naguère ces images, les accompagna de ce commentaire : « Louis Malle porte un regard amusé et tendre sur le Tour de France. Certains coureurs n'hésitent pas à se ruer dans les bars pour chercher du vin, du champagne ou de la bière, quitte à ne pas franchir les premiers la ligne d'arrivée. Chutes, fatigue, somnolence... les journées sont longues. Mais pas question d'abandonner. En tout cas pas jusqu'aux étapes de montagne... Ce documentaire caustique regarde le Tour du côté de la queue du peloton. Là où les coureurs, à bout de forces, ne refusent pas une petite bière — sans compter ceux que l'on pousse dans les côtes. Loin de l'image des sportifs huilés comme des machines, Louis Malle donne au Tour de France un visage humain.»

Visionner ce petit moment de grâce procure un plaisir insoupçonné. Soudain, dans cette épreuve courue il y a un demi-siècle, surgit la France, les Français, ce lien charnel entre un peuple et un territoire transfiguré par le soleil de juillet, les montagnes, la souffrance. Images subliminales d'Anquetil dont la foule crie le nom à tue-tête. La caméra nichée au milieu du peloton nous fait entendre ce qu'entendent les coureurs : « C'est Anquetil, c'est Anquetil, Anquetil, Anquetil... », une longue litanie qui se déroule comme une banderole tout au long de la route. Anquetil, Anquetil ! Puis un autre nom enfle, Bahamontes, Baha, Baha... Entre Luchon et Superbagnères, l'Espagnol va surclasser le Luxembourgeois Charly Gaul. Les commentateurs s'écrient en chœur (un chœur babélien où se mêlent toutes les langues parlées sur les ondes radiodiffusées du Tour) : « L'aigle dévore l'ange de la montagne. »

Sur le bas-côté, des curés en soutane, des bonnes sœurs, des monsieurs Tout-le-monde avec femmes et enfants, rangs d'oignons coiffés de chapeaux en papier à l'effigie du chocolat Poulain. L'œil de Louis Malle s'attarde sur les coureurs largués dans les ultimes lacets des cols. Les spectateurs ne lésinent pas pour accorder à ces malheureux quelques secourables rétropoussettes. Ils se mettent parfois à plusieurs pour soulager un Darrigade qui n'avance plus (fini, le sprinter des arrivées triomphales sur la piste de Bordeaux...). Les champions qui caracolent à l'avant ne sont pas aidés. Mais les lanternes rouges font pitié. « Les derniers on les plaint, alors on les pousse », dit un spectateur avec l'accent des sommets. On aperçoit Rik Van Looy sonné après une chute. Son maillot arc-en-ciel de champion du Monde est un étendard en berne. La caméra ne s'attarde pas. Elle sautille sur des airs d'accordéon, Yvette Horner n'est pas loin.

À l'heure du ravitaillement, les coureurs attrapent au vol les musettes. Cuisses de poulets, gâteaux de riz, fruits mûrs. Le moment est important. Rater le déjeuner sur le pouce, c'est finir l'étape dans les choux après un coup de fringale qui peut coûter une heure à l'arrivée. La musette de toile jaune une fois vidée, on ne s'embarrasse pas de superflu. La voilà qui se retrouve par terre, abandonnée d'une main négligente, pour le plus grand bonheur du public à l'affût. C'est à qui ramassera la relique divine. Après vient la pause-pipi. Sur le bas-côté ou sans descendre de bécane, avec la coopération d'un équipier qui pousse à la selle pour conserver l'allure. Une rétro-pissette, en quelque sorte. Un spectacle qui semble réjouir Louis Malle, comme celui des cyclistes qui ne se jettent pas dans la descente des cols sans avoir déplié sous leur maillot de larges feuilles de journal en plusieurs épaisseurs. Après la suée de la montée, le froid de la descente, quand la vitesse glace la transpiration. Le papier collé à la poitrine, les coureurs foncent dans le brouillard. On entend le grincement des freins. On imagine la route glissante, la peur de tomber. Une facétie de Blondin à propos d'un grand descendeur : « Il est remonté dans la descente... »

Pathétiques sont les images d'abandon quand un pauvre hère zigzague sur la route, guetté par la voiture-balai. Montera, montera pas ? Il s'arrête, repart, seul, perdu, oublié du monde. Un coureur abandonne le Tour la mort dans l'âme. Sentir la main qui vous arrache votre dossard, c'est perdre ses galons, renoncer à sa condition de surhomme du vélo. Le verdict peut être brutal : une fracture, un coup de bambou, une nausée. Il peut être sournois : une mauvaise chute qui empêche le coureur de dormir la nuit. Il ne récupère pas, se vide de son énergie comme une batterie qui se décharge. Deux ou trois étapes plus loin, il n'est plus que son ombre, englué sur le bitume, albatros tombé du ciel.

Dans ce film de Louis Malle, moins de vingt minutes suffisent pour éprouver toute la gamme des émotions cyclistes. Y compris les plus actuelles. Le commentaire ne parle pas du dopage mais du doping. En 1962 déjà, une équipe quitte l'épreuve suite à une soi-disant intoxication alimentaire due à un poisson avarié. Les chefs cuistots n'ont jamais apprécié qu'on leur mette sur le dos ces empoisonnements imaginaires qui cachaient une médication défectueuse. « Le doping, contrairement à ce qu'on croit, n'améliore pas les performances, explique la voix off. Le coureur ne sait plus où est le bout de ses forces. » Jusqu'où ne pas aller trop loin pour la victoire, ou simplement pour tenir le coup, gravir les cols, épauler son leader ? Nul n'a encore apporté de réponse satisfaisante.

Je me demande ce que le cinéaste aurait filmé en 2012 après les révélations liées à l'affaire Armstrong. Le Tour existe encore, mais il n'a plus de vainqueur connu et reconnu depuis une décennie. Sans doute Louis Malle aurait-il pu appeler sa plongée dans le peloton moderne « Le Monde du silence », titre de son premier long-métrage avec le commandant Cousteau…

*Petit éloge des critériums
(d'après-Tour)*

C'était le temps béni des critériums. À peine éteints les lampions de juillet, août les rallumait en invitant de ville en ville les grandes vedettes qui s'étaient illustrées dans la Grande Boucle. Les courses étaient plus ou moins arrangées. Les coureurs s'entendaient entre eux pour que chacun assure une partie du spectacle, rafle quelques primes offertes par le comité local des commerçants, ou franchisse en tête la ligne d'arrivée en s'échappant dans le tour final. Un faux suspense était soigneusement entretenu jusqu'aux derniers kilomètres. La hiérarchie était le plus souvent respectée. Le vainqueur était celui que les spectateurs voulaient voir gagner. Les organisateurs les plus ficelles — et aux arguments sonnants et trébuchants les plus alléchants... — s'attiraient les meilleurs. Ainsi le public emballé pouvait-il toucher du doigt le maillot jaune, obtenir les dédicaces de ses champions préférés, poser en leur compagnie sur des photos qui rejoindraient la vitrine aux souvenirs dans la salle à manger, entre le service en porcelaine et les poupées rapportées d'une virée sur la Costa Brava...

À La Rochelle, un certain Titi Favreau avait un entregent magistral pour composer des plateaux de coureurs plus alléchants encore que les plateaux de fruits de mer du Bar André, un célèbre établissement du port que je ne cite pas au hasard. Derrière le comptoir, des étagères croulaient sous un amas de coupes rutilantes, souvenirs de critériums cyclistes qui s'étaient terminés en troisième mi-temps devant quelques tourteaux à grosses cuisses (des sprinters sans doute) et quelques boissons à bulles... Fièrement accrochés tels des étendards, les maillots jaunes dédicacés par Jacques Anquetil et Luis Ocaña, dont Titi Favreau, aujourd'hui disparu, avait fait ses complices. À l'époque, je n'ai jamais osé entrer au Bar André pour approcher ces trophées. Je me contentais de rester à l'entrée et d'admirer de loin les précieuses tuniques, profitant qu'un client entrait ou sortait, espérant que la porte resterait entrouverte assez longtemps pour que je puisse assouvir ma curiosité.

Si ma mémoire ne déraille pas, il me semble qu'Anquetil se taillait la part du lion dans ce tableau d'honneur. Je crois revoir plusieurs des maillots qu'il porta, outre le jaune : une tunique orange et blanc de la Bic (à moins que ce ne fût celle d'Ocaña), un maillot bleu ciel et blanc de l'ancienne équipe Ford. Il est vrai que le champion normand avait laissé ici des traces inoubliables. En 1962, c'est dans le chrono disputé entre Luçon et La Rochelle qu'il avait décroché le maillot jaune, au terme d'un duel intense avec l'hercule italien Ercole Baldini. Il m'arrivait à l'entraînement de passer sur ces routes interminables qui menaient à la Vendée. Des «tout droit» sur des kilomètres, bordés de marais et d'ajoncs, où le vent gonflait les manches à air et contrariait l'envol des hérons. Cela se passait sur les routes d'entraînement, entre Villedoux et Charron. Chaque fois que je luttais seul sur ce parcours ingrat, je pensais à Anquetil lancé comme une fusée dans ce contre-la-montre, aplati sur sa bécane, narguant les bourrasques, le torse parallèle au cadre du vélo, pédalant souple, respirant ample. Anquetil sur son bel Helyett fendant la bise, arborant le maillot Saint-Raphaël avant d'endosser celui de leader du Tour.

Anquetil, Ocaña, Titi Favreau : tous ont disparu trop jeunes. Il m'arrive de les saluer quand je roule dans les parages ou lorsque mes pas me conduisent au Bar André. Je n'y reconnais plus rien : l'établissement s'est agrandi mais les maillots de mes champions se sont envolés eux aussi. Peut-être les ont-ils repris avant leur ultime échappée vers le ciel.

Petit éloge de quelques cols pénibles

Une pente en entraînant une autre, une côte me fait forcément penser à un col. Et un col me ramène au plus grand adepte du sans faux col, le célèbre Monsieur Jadis qui plébiscitait les cols du soir. J'ai nommé Antoine Blondin, auteur, entre autres calembours fleurant l'alambic, du définitif «le col tue». L'homme à l'humeur vagabonde savait mieux que personne boire la souffrance des coureurs pour recracher de la belle copie. Blondin savait apprécier la belle ouvrage en montagne (bien qu'il fût à titre personnel plutôt expert en bonne descente). Il ne se gaussait pas du col, se contentait de s'y hisser à la force du verbe et des chevaux zélés d'une voiture suiveuse. S'il était encore de ce monde cycliste, peut-être nous gratifierait-il d'un parler d'époque, du genre: «le col, c'est cool», avec deux o comme deux roues de vélo, équipement plus indiqué qu'un seul zéro pointé. C'est un fait: les pics ont donné du piquant au Tour de France.

Nul ne le contestera. Il y eut un avant et un après. L'intrusion des Pyrénées dans le Tour de France, en 1910, est de l'ordre de la «vélorution». Et le passage du Tourmalet est quelque chose comme le passage du muet au parlant, ou du noir et blanc à la couleur au cinéma. La légende veut que les premiers «forçats» enchaînés à leur machine, mais désormais aussi à la chaîne des Pyrénées, virent des ours en liberté. Heureux temps de ces hommes qui virent l'homme qui vit l'ours! Lorsque la course prend de la hauteur, l'épreuve gagne en drame, en épopée, en intensité, en majesté aussi. D'emblée la montagne fit peur, et la gloire tirée par les champions qui la vainquirent fut décuplée par le parfum du danger qui collait à leur exploit.

En 1910, un certain Alphonse Steines, collaborateur d'Henri Desgrange, reconnut ces cols pénibles avec une idée derrière la tête. L'organisateur mit la main à la poche pour remettre quelque peu les pistes en état, et la course se lança dès le mois suivant... «Vous êtes tous des assassins, cria le crack Octave Lapize. Soyez tranquilles, je plaque tout à Eaux-Bonnes», fit-il avant, finalement, de remporter cette première Grande Boucle posée sur le toit de la France. «Tourmalet signifie mauvais détour, a écrit l'érudit Jean-Paul Ollivier dans son *Histoire du cyclisme*. Et jusqu'au XVIIe siècle, il ne pouvait être franchi qu'en chaise à porteurs: c'est dans cet appareil que Mme de Maintenon, accompagnant le duc de Maine, gagna Barèges, en 1671... »

Monter, remonter, voilà des termes appropriés s'agissant des 19 kilomètres du Tourmalet. Par le prodige de la mémoire, fidèlement transmise par les anciens aux plus jeunes, on ne peut dissocier ce col mythique du vieux Gaulois légendaire Eugène Christophe. Son aventure, ou plutôt sa mésaventure, est un résumé de la geste cycliste dans sa dimension chevaleresque et absurde, surhumaine et pathétique, où la classe n'a pas forcément raison de la malchance, mais où la privation de victoire pour des motifs injustes peut être largement compensée par une renommée qui traverse le temps.

Pour toutes les générations de compagnons du Tour de France, gravir le Tourmalet fut et reste un véritable exploit, même si l'intrusion des « potions magiques » a pu déprécier le regard porté sur le Tour. Il n'empêche. Le Tourmalet n'est pas seulement marqué du sceau de la malchance. Je me souviens d'un jour de brume, pendant l'été 1970, où un maillot à damier déchira le petit groupe des rescapés de la Mongie pour tenter sa chance. Rictus volontaire, ruisselant de sueur, Bernard Thévenet battit le grand Merckx dans un exploit qui préfigurait sa première victoire dans le Tour 1975. Le champion français aimait la montagne. Elle le lui a bien rendu...

Pour lui, le Tourmalet ne fut jamais un « mauvais détour ».

Non loin de là se dressent le Soulor et l'Aubisque... Ils vont par deux comme Roux et Combaluzier, ou Bouvard et Pécuchet, et les cyclistes vous diront peut-être qu'il y a le gentil Soulor et le méchant Aubisque. Pour avoir gardé dans mes fibres de jeunesse la mémoire du second, il ne fait aucun doute que grimper l'Aubisque requiert une sévère partie de manivelles, avec obligation de relances en sortie de virages, patience et longueur de temps, pressions assidues sur les pédales et souffle au diapason du cœur. Aubisque bisque rage !

Bien sûr, l'Aubisque n'est peut-être pas le plus redoutable. D'autres sommets des Pyrénées sont précédés de terribles épopées. Le Pla d'Adet qui est tout sauf plat, le col de Mente où mourut une première fois Luis Ocaña, le plateau de Beille qui vit l'envolée majestueuse mais tellement éphémère de l'abeille Pantani. Et puis la litanie est longue, d'Aspin à Peyresourde, de Marie-Blanque à Superbagnères, du Perjuret fatal à Roger Rivière, au col de Puymorens. Mais l'Aubisque conserve un parfum à lui, comme si la chute terrible de Wim van Est, en 1951, lui conférait aujourd'hui encore ses lettres de haute noblesse. Qui n'a pas en mémoire la photo prise cette année-là d'un petit bonhomme agrippé à une corde faite de boyaux noués les uns aux autres, remontant miraculé du ravin où il s'était retrouvé, au bord d'un gouffre plus grand encore, cinquante mètres en contrebas ?

À chacun son Aubisque. Le mien est associé à des souvenirs très personnels. Au milieu des années 1950, ma famille venue de Tunisie passa son premier hiver, puis son premier été, sur le sol de la « métropole », dans les montagnes d'Ariège. Comme il se devait, on se rendit sur les pentes des Pyrénées pour aller applaudir les champions, Bobet, Coppi, Géminiani. Claire, ma grand-mère, était très impressionnée à l'idée de ce spectacle. Et quand elle vit passer devant elle, la frôlant presque, la silhouette haut perchée de Coppi avec son teint hâve et ses joues creuses, sa maigre carcasse de forçat, elle ne put réprimer ses larmes. Coppi était passé comme un spectre, le visage enfoncé dans l'effort, et la jeune femme qui n'avait jamais vu une course cycliste pleurait comme une Madeleine, inconsolable devant cette vision de souffrance. Elle qui vibrait pour la terre qu'on sculpte avait découvert une créature étirée de Giacometti. C'était dans l'Aubisque, et l'Aubisque a toujours, depuis, été associé aux larmes d'une très belle future grand-mère. De toute sa vie, elle ne put regarder passer un peloton cycliste sans émotion lacrymale, et c'est ainsi qu'elle ne se sentit jamais la force de venir applaudir son petit-fils dans des épreuves pourtant moins pénibles que la montée des cols pyrénéens.

Je me souviens du prix Henri-Bernard, une épreuve d'amateurs qui partait de Nay et revenait à Nay après une boucle de 130 kilomètres empruntant le duo Soulor-Aubisque. C'était à l'orée des années 1980, près de trente ans après le passage de Coppi devant les yeux éplorés de Claire... Je m'alignai au départ avec mes dix-huit ans et pas mal de kilomètres d'entraînement dans les jambes, effectués à travers les bosses de la Chalosse, histoire de n'être pas trop dépaysé. Le jour J vint enfin, il faisait chaud, on attaqua les premières pentes à fond, jeunes juniors piaffant d'en découdre. Le peloton s'étira comme de la guimauve et se cassa en mille morceaux. J'étais un de ces morceaux dérisoires, grimpant au mieux, distancé par les premiers, les cuisses gonflées par la violence de l'effort, la gorge brûlante, traversé par des pensées radicales du genre : je ne remonterai plus jamais sur un vélo... On a de ces idées, quand la route s'élève et tournicote.

Sous un pont anti-avalanches, de grosses masses surgirent devant moi dans une semi-obscurité. Des vaches ! Et les filets d'eau sur lesquels je roulais, qui me rafraîchirent le visage, étaient de l'urine de ruminant ! Plus loin, un saut de chaîne me força à mettre pied à terre. Le temps de trafiquer le dérailleur, d'autres m'avaient rattrapé puis distancé. En quelques minutes, j'avais vécu la tragicomédie que vivent en plus intense encore les hommes du Tour. La souffrance, la risible alchimie du hasard (que venaient faire ces vaches au milieu de la course ?), la malchance. En réveillant ce souvenir descendu de l'Aubisque, je réalise combien, avec le Tourmalet, ce col est un passage obligé de la légende du Tour. Il est universel, chargé d'Histoire et d'histoires. Entre Laruns et Argelès-Gazost, l'Aubisque est comme une borne témoin de l'éternel cycliste, un col à l'ancienne qui traverse le temps.

Petit éloge du chaud et soif

Je ne sais pas vous, mais ces montées m'ont donné une sacrée pépie. En gravissant ces pages, j'ai attrapé un chaud et soif, une affection bien connue sur les routes de juillet quand le soleil enfonce ses rayons dans la peau des coureurs. Je me souviens que dans les années 1970, le vainqueur d'étape était photographié avec une petite bouteille de Perrier vissée à ses lèvres. L'exercice promotionnel consistait à la boire devant l'objectif avec un air proche de l'extase. Le plus cocasse était l'émissaire de Perrier au tee-shirt frappé à l'effigie bien visible de la société de bienfaisance cycliste. Toujours bien placé sur le cliché, il s'assurait de la bonne descente du champion. La trogne joviale du bonhomme attestait qu'il sifflait des boissons bien plus entraînantes que de l'eau à bulles. Le salaire de la sueur se payait en liquide. Entre le Tour et la soif, disons que les relations ne sont guère étanches.

La vérité doit éclater : la canicule a été inventée

par Henri Desgrange pour éprouver les coureurs. Et le fondateur de la Grande Boucle a transmis sa flamme à ses successeurs, Jacques Goddet en tête, pour que le soleil brille certains jours davantage encore que les champions, au point de se prendre dans leurs rayons scintillants. Le fait est établi : c'est sur la route du Tour, et seulement là, que le soleil fait la roue. On ne saurait dire si le réchauffement climatique a touché l'épreuve en plus de cent ans d'existence. Sans doute serait-il instructif de connaître la température moyenne qui régnait pendant les Tours de 1903 ou de 1913 à la veille de la première déflagration mondiale, pendant ceux des années 1930 et de l'après-guerre, ou encore ceux de l'ère moderne et de l'entrée dans le troisième millénaire. On y découvrirait peut-être que plus le mercure monte, plus la vitesse moyenne augmente elle aussi...

Mais on ne plaisante pas avec la chaleur quand on est coursier. L'image d'Épinal du Tour de France se démultiplie à l'infini, montrant de pauvres hères au visage brûlé, la poussière collée au front par la sueur, jouant des coudes devant les margelles des puits, sur le rebord d'une vieille fontaine, ou sous un jet d'arrosage, bouche ouverte et yeux fermés, mendiant un instant de fraîcheur, quelques gouttes d'une potion magique qui s'appelle simplement eau claire. Si la course au maillot jaune relève de la quête du Graal, la course à la canette a, elle aussi, conquis ses lettres de noblesse. Longtemps les entraîneurs ont déconseillé aux coureurs de boire, estimant qu'ils se remplissaient la panse inutilement, risquant le ballonnement fatal. Puis les mœurs cyclistes et la diététique évoluant, il est devenu très recommandé pour les mêmes coureurs, quelques années ou générations plus tard, de boire régulièrement, de se réhydrater en permanence, au point de respecter ce nouveau précepte : boire, boire, boire, même quand on n'a pas soif. Dans les arcanes du peloton, on devine la bataille des anciens et des modernes, entre les tenants d'un ascétisme monastique plutôt sec et les buveurs invétérés, d'eau s'entend. Lorsque, en 1947, le Tour de France de la reprise, Jean Robic lâcha Brambilla dans la côte de Bonsecours (bien nommée pour le Français, malheureuse pour l'Italien), ce dernier s'infligea une pénitence en versant sur la route le contenu de son bidon. Puisque ses jambes le trahissaient, son corps ne méritait pas de boire...

La route de la soif, dans le Tour de France, a longtemps suivi un itinéraire légèrement parallèle au parcours officiel. Les chasseurs de canettes, si aucun point d'eau n'était en vue à proximité, ont brillé par leurs descentes dans les troquets, bistrots, débits de boissons divers et variés, raflant tout ce qui se trouvait à portée de main, jus de fruits, bières, sodas. Peu d'alcool à ma connaissance (je parle des coureurs, pas des suiveurs…), même si la légende tenace et légèrement embellie d'un Abdel-Kader Zaaf repartant en sens inverse de la course après quelques rasades appuyées de vins de l'Hérault a fait beaucoup pour la publicité des vignobles du Sud.

La soif, ou comment lutter contre. On voyait autrefois les coureurs se coiffer d'épaisses feuilles de chou qu'ils glissaient jusque dans leur nuque, ou placer une éponge mouillée sous l'encolure du maillot, constituant une bosse auxiliaire utile pour les traversées du désert. Mais les prises d'assaut de places fortes telles que les puits, fontaines et citernes n'obéissaient pas seulement à un folklore obligé assigné aux «forçats de la route». La chaîne de la soif était une chaîne de la solidarité doublée d'une expression du lien féodal. Le seigneur ne chassait pas la canette. Ses domestiques — *gregario* en langage faustocoppien ou bartalien — devaient se charger de ces tâches ingrates, fournissant au chef son butin liquide, l'aspergeant au besoin pour qu'il bénéficie sans effort superflu d'une mini-douche avec séchage au gré du vent.

Ces temps ne sont plus. Pendant la course, les directeurs sportifs chargent toujours quelques porteurs d'eau de payer en liquide le salaire de la sueur. Mais on voit aussi des leaders assurer cette tâche auprès de leurs équipiers, comme si les hiérarchies n'étaient plus aussi marquées qu'autrefois. Il reste que dans notre imagier fantastique de la Grande Boucle, des champions pédalent éternellement sous le soleil, et les gouttes d'eau en suspension au-dessus de leur tête viennent à jamais auréoler leur effort.

*Petit éloge de la caravane qui passe
(et jamais ne lasse)*

Quand donc est-elle apparue sur la route du Tour ? La tentation serait de répondre qu'elle a toujours existé, bruyante et multicolore, généreuse et rieuse, chantante ou « accordéonante », pleine de cadeaux magiques, d'airs de musique, de sourires d'artistes, de casquettes et de porte-clés, pleine de rêves et d'espoirs. Car c'est un fait : la caravane publicitaire est, au pied de la lettre, un signe avant-coureur. Mais non, réflexion faite, elle ne pouvait être de la partie quand les champions roulaient la nuit, empruntaient de méchantes routes qui n'étaient pas des routes mais de mauvaises pistes. La caravane est une invention moderne de l'après-guerre, et le serpent qu'elle forme aujourd'hui, interminable, nous rappelle qu'en bon spectacle populaire, le Tour est aussi un support publicitaire.

Fouillant dans mes souvenirs de *Miroir du cyclisme*, pages sépia de vieilles collections miraculeusement réchappées de l'oubli, il me semble que de vieux clichés flottent, éternels, comme le sourire d'Yvette Horner éparpillant ses notes de part et d'autre de la route, la silhouette raidie derrière une vitre de plexiglas pour ne pas avaler trop de moucherons. Je revois aussi des marques de chocolat, mais n'est-ce pas un mirage de ma gourmandise, l'envie de mêler à l'épreuve des forçats de la route quelques douceurs pour alléger leur peine ? Sans doute aussi le gros Bibendum de la maison Michelin, généreux en casquettes, bonbons et autres présents éparpillés d'une main auguste comme on sème le bonheur, un bonheur à deux sous mais qui gardait un parfum d'aventure et d'épopée. Ce qu'on ramenait à la maison, c'était un peu de poussière des dieux, le charme qui reste quand le cirque est passé. On garde en tête le numéro de l'équilibriste, celui du trapéziste, une odeur de barbe à papa.

De même, la caravane nous laisse ce sentiment irremplaçable : le Tour existe bien, même s'il est effacé du paysage aussi vite qu'il y était apparu, puisqu'il reste encore au sol des prospectus, des musettes-surprises, des objets sans autre valeur que celle du souvenir, pour prouver que cette année-là, cette année où l'on a applaudi Jean-Pierre Danguillaume, encouragé Jacques Bossis (un compatriote de Charente-Maritime qui porta une journée le maillot jaune), frémi d'admiration devant Hinault, cette année-là on est rentré à la maison avec des posters de champions distribués à l'arrière d'une fourgonnette, avec des posters, des Bic de toutes les couleurs, des autocollants, mille choses inutiles et pourtant encore palpitantes, comme des morceaux de lave incandescente arrachée à un volcan...

Quelle que soit la taille de la caravane — elle s'est allongée avec les ans —, quelles que soient les marques engagées, ou les institutions — banques, poste, gendarmerie avec motards de la route exécutant des figures d'acrobatie, debout sur leurs engins —, ce spectacle n'est pas seulement une parade d'attente ou la traduction pétaradante d'impératifs commerciaux. La caravane du Tour renvoie la France en son miroir. Elle raconte les modes, les engouements, les aspirations populaires. Qu'il s'agisse d'une marque de biscuits, d'un apéritif à l'orange amère ou d'une entreprise du bâtiment, d'un dentifrice ou d'une assurance, le pays agglutiné sur les routes du Tour peut se regarder à travers la longue chenille bariolée, applaudissant et se gardant d'aboyer, puisque c'est l'histoire quotidienne et domestique des Français qui défile devant les yeux d'un public toujours «bon public».

La société de consommation, objet de curiosité moutonnière, est bien présente sur le parcours de la Grande Boucle. Qu'un véhicule stoppe en rase campagne et lève sa ridelle pour distribuer on ne sait quoi (chewing-gums, prospectus, rien du tout aux couleurs criardes), et voici des groupes qui se forment, accourent, se bousculent, car il n'y en aura pas pour tout le monde ! On se marche sur les pieds, on se précipite dans le sillage de l'auto qui redémarre en laissant derrière elle quelques vestiges appartenant à l'Olympe du commerce et de la réclame. Attirer le chaland est un jeu d'enfant — et d'ailleurs, on voit en ces circonstances bien des grandes personnes retomber en enfance, le chef coiffé de casquettes pour lotions capillaires ou crèmes glacées —, un jeu d'enfant donc, un jeu gratuit, évidemment, ce qui ne gâte rien. La caravane, comme la course qui vient derrière, c'est aussi cela. Un peu de gratuité dans un monde payant à tout bout de champ. Enfin, on peut se laisser aller à consommer sans payer, à manger un spectacle des yeux sans en laisser aucune miette, en ramassant tout ce qui passe, tout ce qui vole. Et c'est ainsi que la caravane est grande !

Petit éloge de la lutte antidopage

Pendant de longues années de plomb, toutes les routes du Tour ont mené à Armstrong. Armstrong le flingueur, le cow-boy du Texas qui promenait sa classe et sa morgue aux avant-postes d'un peloton sous le joug. Jusqu'à ce jour de novembre 2012 où le champion convaincu de dopage et de haute trahison fut radié à vie du cyclisme, effacé d'un trait de plume sur les sept lignes du palmarès de la Grande Boucle qui portaient son nom. Sept éditions qui n'ont pas de vainqueur. Plus encore que les cinq manquantes de 1914-1918 et autant que les sept manquantes de 1940-1946. Une autre guerre est passée par là. La guerre contre le dopage. Soudain Armstrong n'a jamais existé. Il n'a pas grimpé les cols, n'a jamais triomphé dans l'Alpe-d'Huez ou dans les chronos endiablés, il n'a pas été le champion dominateur et miraculé du cancer que sa voracité de victoire propulsait au rang d'énigme et de dieu roulant. Comme au beau temps de l'Union soviétique, on l'a effacé des photos officielles. Il y a là de quoi apaiser les esprits chagrins devant le hold-up organisé que constituent ses succès. On pourrait désormais pédaler en paix puisque le fauteur de troubles n'a été qu'une illusion. Qu'il eût triomphé d'une armée de dopés ne semble guère troubler le nouvel ordre des choses : en éradiquant jusqu'à son souvenir, on remonte près de quinze ans en arrière, à l'âge d'or immaculé... de l'affaire Festina... On s'est nettoyé la conscience à bon compte, sans garantie que ce système mafieux tardivement démasqué ne se reconstruit pas déjà ailleurs, sous d'autres formes, sous les traits d'un autre champion.

Cet art du rétropédalage montre s'il en était besoin que le cyclisme n'est pas sorti des affres du dopage. Lance Armstrong devait être sanctionné. Il l'a été, durement. C'est heureux, mais l'exemplarité voulue de cette peine me laisse un petit goût désagréable. Je n'ai jamais aimé la chasse à l'homme, la sensation que soudain la sanction n'est plus proportionnelle avec la faute. Je me souviens de l'amitié qu'entretenaient George Bush et Lance Armstrong. L'un a menti sur l'existence d'armes de destruction massive en Irak. Un mensonge qui a causé des milliers de morts dans les deux camps. Il ne fut jamais inquiété. Armstrong, lui, paye pour ses mensonges. Il paye si fort qu'on ne veut rien garder de lui. On nie tout en bloc. On nie qu'il fut, quoi qu'on en pense, un champion d'exception, le plus fort de sa génération, toutes choses égales par ailleurs, c'est-à-dire à degré de dopage comparable. La sanction est juste dans son principe, critiquable dans sa portée. On peut rayer le coureur américain de l'histoire du cyclisme, il reviendra toujours par une route parallèle. Ses milliers de kilomètres d'entraînement dans les Rocheuses ou dans les Alpes, sa volonté hors du commun, son courage face au cancer, son mental de ressuscité, cela n'a donc pas existé? Les plus hautes autorités du vélo, pourtant compromises sinon complices du système Armstrong (je pense à l'Union cycliste internationale et à ses hauts responsables), ont voulu faire un exemple. Après l'enquête édifiante menée par l'Agence américaine de lutte antidopage, la clémence était impossible. Mais par sa radicalité, la sanction ne permet de tirer aucune leçon sereine pour l'avenir.

Il convient de revenir aux données fondamentales : la dureté de ce sport. L'exigence du spectacle, mélange d'enjeux de marque, de visibilité des sponsors, d'audiences télévisées. Le culte de la performance et les impératifs financiers. Ces questions sont vieilles comme le Tour de France. Chaque époque y a apporté ses réponses. L'ère moderne, avec sa brutalité, son cynisme, a gangrené le sport professionnel. Le cyclisme est la pointe avancée, la plus voyante, d'un système généralisé de dopage qui touche bien d'autres sports dont l'image est mieux protégée. Dans une société dominée par l'argent et ses impuretés, on attendrait du cyclisme qu'il soit une bulle immaculée, flottant au-dessus de nos turpitudes comme les ballons rouges de l'enfance. Le sport professionnel est, hélas, à l'image de notre époque. Lutter contre le dopage est une nécessité. S'en étonner et porter sur lui un regard moralisateur est un anachronisme : un monde sans dopage doit remonter au jardin d'Éden, où poussaient des pommes.

En juin 2009, pour les besoins d'une émission de télévision qu'il voulait consacrer à Armstrong, Michel Drucker me proposa de venir poser une question au Texan. Pas n'importe quelle question. Celle qui fâchait forcément. La question du dopage. Je pris place dans un studio aménagé avenue Gabriel à Paris, en duplex avec le septuple vainqueur du Tour confortablement installé dans sa maison d'Austin. J'étais encore sous le coup de ma poignée de main avec Laurent Fignon, invité lui aussi à questionner le champion américain. J'avais découvert un Fignon marqué, prématurément vieilli, malgré la vivacité de son regard. Il allait annoncer le jour même souffrir du cancer des voies digestives qui allait l'emporter l'année de ses cinquante ans. J'avais éprouvé tant d'admiration pour Laurent. Nous avions exactement le même âge. Lors de sa première victoire dans le Tour, son panache blond flottant au vent de sa jeunesse, j'aurais troqué mon diplôme tout neuf de Sciences-Po contre une journée en maillot jaune. Et je le voyais là, courageux, digne, interrogeant Armstrong. Pensait-il que son ancien rival avait remporté la plus belle des victoires en terrassant le cancer ? Puisait-il dans l'exemple de sa guérison, comme des milliers de malades, la force de lutter avec l'espoir de vaincre la maladie ?

Quand mon tour vint de questionner le Texan, son regard me fixa à des milliers de kilomètres de distance. « Lance, commençai-je, si vous arriviez une fois pour toutes à lever cette suspicion, à nous dire non, jamais je ne me suis dopé depuis le début de ma carrière, le journaliste et le coureur amateur que je suis serait très réconforté car je pourrais être dans l'admiration sans ce bémol qui assombrit votre sillage. » Sa réponse fut nette et tranchante. « Bien sûr, jamais. Je ne me suis jamais dopé pour gagner des courses », répondit-il, précisant avoir seulement absorbé des médicaments pour soigner son cancer. Cette année-là, il avait été contrôlé trente-trois fois. Pas un seul test n'avait révélé la moindre substance interdite. Avec le recul, l'aplomb et la sérénité manifestés par le Texan étaient aussi troublants que déplacés. Nous étions loin de connaître les stratagèmes sophistiqués mis au point par lui et ses complices pour berner les instances médicales.

Un journaliste n'aime pas toujours relire ses textes. Il craint d'y découvrir des erreurs de jugement, des affirmations démenties par les faits. Je me suis livré à cet exercice inconfortable. Non pour me flageller : les kilomètres que j'endure sur mon vélo suffisent à mes douleurs. J'ai voulu retrouver mon état d'esprit de l'époque, l'ambiguïté de mon regard sur ce champion si atypique, américain, froid et sans affect qui domina impérialement mon sport préféré. Ces morceaux choisis de chroniques parues en dernière page du *Monde* au milieu des années 2000 témoignent du sentiment mitigé que suscitait Armstrong.

« C'est un fameux coup de trompette qu'a donné samedi Armstrong dans les Pyrénées », écrivais-je sous le titre *Free Lance*, dans l'édition du 20 juillet 2004. « Armstrong, Lance de son prénom, qui aurait pu tout autant se prénommer Louis quand le jazzman chantait "What a Wonderful World". À quelques notes de musique près, à quelques secondes près, il aurait même vu la vie en jaune si le gamin Voeckler, jeune prince à bagout créole, n'avait refusé, et avec quel panache, l'hallali de la Mongie. Aidé par les mitrons de la Boulangère (le nom de l'équipe où courait alors le jeune Français), dont on a pu constater qu'aucun n'avait de la brioche, il a conservé quelques fils de sa tunique.

« Mais revenons à Armstrong, prénom Lance. Question trompette, c'était autre chose que Roland à Roncevaux. Ou que les trompes de tous les éléphants d'Hannibal au temps du Tour de Gaule. Le peloton éparpillé sur les pentes montagneuses n'y a vu que du bleu couleur US Postal, un bleu indémodable depuis bientôt six ans. Un bleu ni marine ni outremer. Plutôt un bleu roi, ou king size, comme on dit chez McDo.

« La couleur d'Armstrong, c'est celle de la liberté. Il attaque où il veut, quand il veut, et il gagne. Il est libre, Lance. Free Lance, voilà son vrai nom, sa vraie couleur. Et Dieu sait si les hommes libres n'ont pas toujours bonne presse. L'encre n'a pas fini de couler plus vite encore que sa sueur pour scruter ce phénomène dont le premier Américain en jaune à Paris, Greg LeMond, ne cesse de dire pis que pendre.

« Lance Armstrong a pourtant des raisons objectives de susciter l'admiration. À notre connaissance, on n'a jamais vu un ancien malade du cancer remonter sur un vélo après avoir regardé la mort dans les yeux pour gagner cinq Tours de France, et bientôt, probablement, un sixième.

« Puisque le cyclisme — comme tous les autres sports de compétition — n'a pas tourné la page du dopage, Armstrong a beau décramponner tous ses adversaires, il ne parvient pas à distancer la méchante rumeur. Dopé, Armstrong ? Greg LeMond le suggère, un livre l'affirme (*L.A. Confidential*, de Pierre Ballester et David Walsh, La Martinière). Jusqu'à preuve du contraire,

Armstrong est un grand champion — demandez à Jimmy Casper, qui pleurait samedi, ce qui lui restait de larmes après être arrivé hors délai (et finalement repêché), trois quarts d'heure derrière la fusée américaine.

« Ce qui est avéré, en revanche, et qui nous fait les sourcils froncer, ce sont les amitiés de Lance. L'an dernier, on avait vu la haute silhouette d'Arnold Schwarzenegger, alias Conan le Barbare, venir l'encourager sur la Grande Boucle.

« Cette année, George W. Bush ne jure plus que par le nom du coureur texan. Nos confrères du JDD rapportent même que le président américain regarde les exploits de Lance à bord de son avion *Air Force One* en rêvant de sa réélection. "Il va gagner, et je vais gagner aussi, il n'y a pas lieu de s'inquiéter", dit Bush Junior.

« Alors, là, c'est trop. D'ici qu'à Paris le champion américain fasse l'apologie de Bush sur le podium. On veut bien suggérer au patron du Tour de disqualifier Lance Armstrong. Pour intelligence avec le tireur fou de la Maison Blanche. Un cri s'impose : reste free, Lance ! »

Quelques jours plus tard, le 27 juillet, je saluais en ces termes, sous le titre *Very Armstrong*, le nouveau succès du champion :

« Dans son inoubliable *Jour de fête*, Jacques Tati incarnait un facteur timbré qui s'était mis dans la tête de faire sa tournée "à l'américaine", à bloc, comme dirait le Texan vainqueur de la Grande Boucle. Après avoir vu dans un cinéma de village un film saisissant sur la distribution du courrier aux États-Unis, avec force hélicos et engins motorisés, le facteur avait pris le mors ou plutôt le guidon aux dents pour pulvériser des records qu'on imagine jamais égalés depuis par aucun employé des postes. L'aventure, dans notre souvenir, s'achevait dans une mare aux canards après un virage mal négocié. Et le brave facteur, maugréant contre ces histoires d'Amérique, s'en allait donner la main à quelques paysans occupés sous le soleil à faucher un champ. C'en était fini de la méthode "à l'américaine", qu'il abandonnait sans regret au profit d'un retour à l'éternelle lenteur de nos campagnes. N'empêche, il avait vécu à bicyclette une belle aventure et montré sa roue arrière à d'authentiques cyclistes aux pattes rasées. Au vrai, il s'en était payé une belle tranche, droit comme un "i" sur sa bécane, à toiser le vulgaire avec la mine importante de qui roule plus vite que son ombre. Je pensais à ce fameux pédaleur virevoltant en regardant le "facteur" de l'US Postal monter sur son sixième podium. En voilà un qui n'a pas roulé en facteur pour faire triompher sa méthode "à l'américaine" qui continue d'éveiller les soupçons et de susciter mille commentaires. Six Tours donc, dans la musette d'Armstrong. On serait tenté d'écrire "very strong", ou "very Armstrong", tant l'exploit est saisissant. Pourtant, on conviendra que le champion américain n'a rien fait pour s'attirer la ferveur du public. D'avoir neutralisé l'obscur Simeoni, au motif que l'Italien avait témoigné contre lui dans une affaire de dopage, tout cela sentait le règlement de comptes de bas étage, indigne d'un maillot jaune.

« Pour le reste, et aussi longtemps que Lance Armstrong n'aura pas été convaincu de dopage, ses victoires le situent dans la lignée de ses plus prestigieux prédécesseurs, dont on se souvient qu'ils n'étaient guère plus aimés que lui. Anquetil était un méchant qui humiliait Poulidor. Merckx maltraitait le bon Ocaña quand il ne mangeait pas tout crus ses adversaires, en cannibale si impopulaire qu'il recevait parfois, au bord de nos routes, crachats et coups de poing au ventre. Quant à Hinault, on admirait sa puissance, mais on critiquait son caractère. Ce n'est pas pour rien qu'il portait le surnom de "Blaireau". À part Indurain, à qui on n'avait rien à reprocher sauf l'ennui qu'il distillait, on n'a pas gardé la trace d'un quintuple vainqueur du Tour chéri du public.

« Armstrong, lui, a cumulé un véritable capital d'antipathie. Il est américain. Pire : texan, presque du clan Bush, avec l'arrogance des vainqueurs, une froideur naturelle, quelque chose de glaçant dans le regard. Il n'en fallait pas plus pour que le champion échappé du cancer devienne une sorte de créature diabolique, un mutant fabriqué par la science américaine. Si encore il avait été français, sans doute lui aurait-on trouvé un irréprochable talent. Mais un Texan, même s'efforçant de parler notre langue, est forcément suspect. »

Au printemps 2005, à la veille de sa dernière victoire, désormais effacée comme toutes les autres, Lance Armstrong avait annoncé publiquement sa retraite prochaine. « Donc il arrête, écrivais-je dans ma chronique, sous le titre *Armstrong en solo*. On avait négligé cette nouvelle donnée de la planète vélo. Armstrong, extraterrestre de la petite reine, remisera sa bécane après le prochain Tour de France. À vrai dire, on a du mal à décider s'il s'agit d'une information qui concerne le commun des mortels ou seulement les observateurs des choses célestes. Armstrong, ses adversaires confirmeront, touchait rarement terre. Il était plus prompt à gagner les sommets qu'à racler le bitume. C'est d'une certaine manière un champion aérien qui vient d'annoncer sa révérence.

« Était-ce d'avoir frôlé la mort, poursuivi par un cancer récidivant, qui l'avait mis hors d'atteinte de ses adversaires ? Dans Armstrong, on entendait bien le "strong" final. Il était fort, Lance, très fort, trop fort peut-être, et américain par-dessus le marché, par-dessus les Alpes et les Pyrénées. Ceux qui demain raconteront ses exploits au passé ne sont pas près d'oublier qu'à six reprises

— sans préjuger de la prochaine Grande Boucle — il rapporta la "toison d'or" à Paris.

« Qu'aura-t-il manqué à ce champion qui, ces dernières années, fit voir plus de cinquante étoiles à ses poursuivants toujours malheureux, lui devant et eux derrière ? Que lui aura-t-il manqué pour être aimé, lui qui fut plaint pour sa maladie puis craint pour sa suprématie. Du panache ? Il en eut à la mesure de sa démesure, comme en eurent avant lui Coppi, Merckx, Hinault, pour limiter à un trio le palmarès du brio.

« En réalité, Armstrong n'a pas ému. Il a vaincu. Vaincu son mal. Vaincu ses rivaux. Vaincu, autant qu'il a pu, les rumeurs insistantes de dopage qui crépitent encore dans son sillage. Il était si fort qu'il donnait la sensation de ne pas souffrir. Il passait les cols et les autres coureurs à la moulinette, semblait se jouer des pentes et du temps des simples mortels. Avec le regard fixé sur sa roue avant et l'œil bleu comme du givre qui lui donnait la réputation d'un champion glacial. Avec son patronyme de conquérant de la Lune, il était loin de tous, très haut, si haut que nul ne put jamais le rejoindre depuis cet été de 1999 où il fit suivre pour six ans d'affilée son adresse sur le Tour de France, prénom Lance, nom Armstrong, qualité maillot jaune.

« Il s'en va, dit-il, pour élever ses enfants. Mais avant cette retraite annoncée, Lance a pris date pour réussir ce que les joueurs de tennis appellent un "break". Avec six victoires, il a "seulement" un coup d'avance sur le club des quintuples vainqueurs. S'il triomphe une septième fois, il sera vraiment inaccessible. À moins que le Poulidor teuton Jan Ullrich parvienne enfin à sortir l'Américain de sa trajectoire. Ullrich, s'il croit encore à son étoile, pourrait demander une action de grâces à Benoît XVI. Un pape allemand aux pensées très élevées, n'est-ce pas un signe de la Providence pour donner au grand Jan des ailes de grimpeur ? Mais attendons juillet pour apprécier l'ultime solo d'Armstrong. »

Le résultat ne surprit personne. Dans ce texte du 6 juin 2005, titré *Armstrong de six à sept*, les jeux semblaient déjà faits. « Jusqu'à la victoire à Roland-Garros du jeune tennisman espagnol Rafael Nadal, on ne connaissait dans la planète sport qu'un seul extraterrestre, rescapé du Tourmalet et de l'Aubisque, du cancer et de la calomnie, des coups de boutoir d'Ullrich et des estocades grimpantes de Virenque. Armstrong, donc, prénom Lance, comme si vélo devait rimer avec javelot. Une seule question se pose : Lance Armstrong réussira-t-il la passe de 7 ? Pourra-t-il vraiment accomplir l'exploit de boucler 7 grandes boucles, d'affilée de surcroît, revêtu du paletot jaune ? Sa bonne performance au prologue du *Dauphiné Libéré*, une épreuve on ne peut moins plate, prouve déjà que l'Américain est en cuisses. Voilà qui promet. Reste l'équation inconnue. Le chiffre 7 est-il, oui ou non, un bon chiffre pour un candidat au trône suprême dans l'Olympe des champions cyclistes ?

« Les familiers de la bécane le savent : les coureurs sont superstitieux. Ils font toute une histoire pour un numéro de dossard qui leur rappelle un mauvais souvenir, une gamelle, un coup de pompe, un coup du sort. Il se dit aussi dans les pelotons que terminer numéro trois d'un Tour vous condamne aux profondeurs du classement l'année suivante. Que terminer deuxième peut vous couper à jamais le chemin de la victoire (il n'y a pas que des Poulidor heureux). Alors le 7 ? À première vue, les cieux sont plutôt bien disposés, puisque c'est le septième jour que Dieu paracheva son œuvre sur Terre, donnant sa bénédiction à la Création matérielle des six jours précédents.

« Il paraît même que le corps humain se renouvelle entièrement dans ses cellules tous les sept ans. Si c'est un Armstrong tout neuf qui se présente sur la ligne de départ en juillet, les autres peuvent déjà claquer des dents, à l'avant comme à l'arrière. On sait aussi que l'arc-en-ciel comporte sept couleurs, dont le jaune. Que la gamme porte sept notes de musique (avec un si au bout, annonciateur du conditionnel…). Décomposer le 7 peut aussi être instructif pour un champion qui sait où il va : le 4 désigne les quatre points cardinaux, très familiers aux coureurs du Tour.

Le 3 évoque simplement Dieu, le triangle étant la seule figure géométrique qui ne se déforme pas. Encore que les roues triangulaires n'aient à notre connaissance jamais permis à quiconque de rouler à bicyclette, même sur une route pentue. Au terme de ces exercices divinatoires plus que divins, sachant que l'équation personnelle de Lance Armstrong le place parmi les demi-dieux, l'alternative est simple : soit il gagne et devient pour de bon un dieu. Soit il perd, et le public versatile, après avoir sifflé un extraterrestre, applaudira un homme grandi car vaincu. »

On sait ce qu'il est advenu. Armstrong n'a plus droit de cité. Jamais il n'a été aussi présent.

Le dopage a ancré le Tour dans une réalité douloureuse. Chaque affaire dévoilée, chaque champion déchu est un crève-cœur qui balaie toujours un peu plus l'illusion d'un sport qu'on aurait voulu au-dessus de tout soupçon. La lutte contre la triche doit être renforcée sans merci, et c'est à ce prix que le cyclisme professionnel retrouvera sinon du lustre, du moins un crédit. À l'heure où je trace ces lignes comme une trajectoire d'espérance, les données sont simples : le Tour continue d'attirer des millions de spectateurs au bord des routes ou devant leurs téléviseurs et postes de radio. Si ses audiences dépassent largement des événements comme Roland-Garros, bien des jeunes pourtant s'en détournent. Ils ne se sentent guère concernés par un sport au passé plus enviable que son présent, et à l'avenir incertain. Le peloton professionnel véhicule l'image du « tous dopés » comme les politiques celle du « tous pourris ».

La réalité est différente. Si un noyau de coureurs et de dirigeants continue de gangréner ce sport par des pratiques répréhensibles, la grande majorité des professionnels a aujourd'hui rompu avec le dopage. Les observateurs avisés avancent même que huit à neuf coureurs sur dix sont « propres », principalement dans le peloton français. Cette pointe de chauvinisme trouve un commencement de preuve à travers les victoires de jeunes coureurs de l'Hexagone dans des étapes du Tour et dans quelques grandes courses du calendrier où ils étaient jusqu'ici supplantés par des adversaires belges, italiens ou espagnols. Une éclaircie. Pas encore une guérison.

Petit éloge à l'intérieur du petit éloge

Pour que l'histoire reste belle malgré ces taches sombres, rien de mieux qu'un bric-à-brac des plaisirs glanés sur la Grande Boucle, au petit bonheur du Tour. Ce que j'aime dans cette longue épopée, c'est ce fourmillement de détails vrais qui pavent la route des coureurs, cette débauche d'expressions imagées — «rouler en chasse-patate», «avoir la socquette légère», «faire l'élastique» ou encore «passer par la fenêtre» — qui donnent à ce sport ses lettres de vérité vraie. Me plaisent les petites histoires dans la grande histoire, la silhouette oubliée de ces êtres fantasques qui couraient autrefois les premières étapes du Tour de France. Je pense à un certain touriste routier sans le sou qui, le soir après la course, marchait sur les mains à l'intérieur d'un cercle tracé sur la chaussée pour recevoir l'obole des quelques pièces qui lui permettraient de payer sa chambre d'hôtel. Je revois les pleurs de Vietto après qu'il a donné sa roue à son leader Antonin

Magne, ou André Leducq, dit «Dédé gueule d'amour et muscles d'acier», effondré sur un parapet, genoux pliés, penseur-coureur que Rodin aurait sublimé dans le marbre.

Le bonheur du Tour ne va pas sans les bonheurs de plume. De Rodin à Blondin, il n'y a qu'un faux plat, sachant que l'expert René Fallet nous a prévenus : «Ceux qui font du vélo savent que dans la vie, rien n'est jamais plat...» Je dois à l'auteur du *Singe en hiver* cette arithmétique du peloton selon laquelle un maillot plus un maillot font un maillon. À ce styliste qui ne prisait guère les côtes (hormis bien sûr le côte-du-rhône), je dois ce petit tremblement de mots qui lui fit transformer un jour un vainqueur d'étape en vainqueur d'épate. Je suis aussi reconnaissant à l'oulipien pédalant Paul Fournel, dans son *Anquetil tout seul*, d'avoir inscrit sur sa route de papier ce trait imparable : «Anquetil pédalait blond.» Si la Grande Boucle n'était pas née du temps d'Alfred Jarry, le pataphysicien notoire aurait pu l'inventer. Je me prosterne devant cette prière un rien sacrilège titrée *La passion considérée comme course de côte*. On y peut lire ce commentaire aussi grinçant que peu charitable : «Dans la côte assez dure du Golgotha, il y a quatorze virages. C'est au troisième que Jésus ramassa la première pelle.»

La légende du Tour est riche de sens. Ainsi ces pneus d'antan qu'on appelait boyaux et que les coureurs nouaient autour de leurs épaules. C'était bien le signe, si les mots veulent dire ce qu'ils laissent entendre, que le cyclisme était un sport tripal autant que tribal, où il fallait tout donner pour qu'on nous pardonne tout. Je me souviens de ces minuscules guimbardes de laiton qu'adolescent je vissais sous les mâchoires de freins et qui portaient le nom d'arrache-clous. Qu'un minuscule gravier adhère à la chape de gomme, et la faucheuse miniature le décapitait d'un coup sec...

Aux amoureux du Tour envers et contre tout, je recommande un petit détour par la petite bourgade de La Fresnaye-sur-Chédouet, dans la Sarthe. Un certain Ivan Bonduelle a créé là un musée d'histoire vivante du cyclisme de 1890 à nos jours à travers une profusion de vélos et de maillots de champions, d'images d'archives mises en scène à travers dix tableaux animés retraçant les grandes heures du Tour. Dans une salle sanctuaire, il suffit d'actionner un bouton au nom d'un crack pour voir sa tunique surgir de l'obscurité : maillot violine et jaune de Poulidor, maillot La Perle d'Anquetil... Des assiettes en porcelaine racontent les exploits des champions. Comme celui du Luxembourgeois Frantz victorieux d'une longue étape disputée de nuit, au milieu des années 1920. On trouve mille souvenirs de la caravane publicitaire, des affiches, des couvre-chefs en papier, des plaques de bicyclette, des boîtes de camembert à la gloire du maillot jaune, des grands-bis et des engins de contre-la-montre. Seule est perturbée la galerie des portraits qui abrite la photo encadrée de tous les vainqueurs du Tour. À l'évidence, il va falloir décrocher quelques effigies... Dans une vitrine, il ne faut pas manquer un petit revolver baptisé vélo-dog. Cet objet peu intimidant servait jadis à effrayer les chiens tentés de mordre les mollets des cyclistes, lorsque ces derniers s'engageaient imprudemment sur des chemins vicinaux. Une arme de 6 ou 9 millimètres en fonte nickelée...

Parmi mes madeleines du Tour, j'accorde une place privilégiée à mes petits coureurs de métal. Ils sont mes pacifiques soldats de plomb. Je suis le seul à savoir qu'ils sont en or. L'or du souvenir qui, une fois de plus, entrecroise leur route avec la mienne. Depuis quelques années, ils occupent plusieurs rayons de ma bibliothèque. Soit sur des étagères entièrement dédiées à leur course immobile. Soit sur des planches partagées avec des livres, comme on partage sa route avec des poids lourds. C'est ainsi que mon Eddy Merckx au maillot havane de la Molteni passe devant la couverture d'un Romain Gary alias Émile Ajar. C'est un coureur d'avenir car le livre n'est autre que *La vie devant soi*. Un bon titre pour un éternel champion.

Quand j'observe ma bibliothèque avec un léger recul (à peine celui que me donnerait un tir de vélo-dog...), je réalise que mes petits coureurs disséminés sur les étagères de haut en bas sont lancés dans l'ascension d'une Alpe-d'Huez ou d'un Tourmalet imaginaires. J'ai pris soin de respecter les usages. Les plus anciens de ma collection, rescapés de l'enfance de l'oncle Gilles, mènent la danse. Ce sont des longs nez ou des gros mentons. Comprenez que leur visage est une caricature de visage, avec pif proéminent et galoche rebondie. Pour autant, ils sont d'une incroyable sveltesse. Et pour cause : leurs bras collés leur donnent l'allure de fringants lévriers. Ils semblent pédaler à toute vitesse. C'est qu'ils sont sortis de leurs moules dans les années 1940. On n'avait pas encore modelé les coureurs de l'époque moderne, larges d'épaules, la poitrine bien ouverte, les bras écartés. Parmi les fondeurs réputés, l'histoire des cyclistes miniatures a retenu le nom d'Henri Roger et de ses figurines en zamak, un alliage de zinc résistant à toutes les épreuves. Je me souviens d'une époque où quelques-uns des milliers de coureurs sortis de ses fonderies étaient peints par des prisonniers. À l'évidence, ils devaient rêver d'échappées au long cours en décorant les maillots de Van Looy ou de Coppi...

Mon peloton est assez hétéroclite et œcuménique. Excepté le plastique, j'accepte tous les matériaux, toutes les marques de petits coureurs : les Aludo avec gourde sur le guidon et socle épais en ogive, à casque ou casquette, bras collés ou séparés, avec ou sans chaîne ; les Cofalu remarquables par leur taille de géants, les Minialux (ma seule exception en faveur plastique car il ressemble à s'y méprendre à du métal...) et les Norev. J'adorerais avoir ne serait-ce qu'un Quiralu, des coureurs des années 1950 avec yeux et lunettes délicatement peints, roues pleines et piques pointues pour les enfoncer dans le sable.

J'ajoute que dans ma bibliothèque changée en Tour de France perpétuel, vrombissent en silence quelques motards d'époque, la voiture du directeur de course année 1949, pneus à flancs bicolores, l'auto Aspro du médecin, deux ou trois voitures de directeurs sportifs avec vélos et roues de rechange sur le toit (à hauteur de mes livres de Marguerite Duras, lesquels n'ont à ce jour pas protesté). Une authentique voiture suiveuse d'Europe 1, dans sa livrée corail, côtoie un véhicule de Radio-Télé-Luxembourg surmonté d'une caméra mobile actionnée par un preneur de vues. Indispensable : un fourgon Michelin que je devine rempli de pneumatiques à toute épreuve contre silex convexes et gravillons sournois. La caravane publicitaire n'est pas en reste, avec une Coccinelle bleue portant les couleurs de la marque Rustine, une fourgonnette vantant les mérites de l'orangeade Teisseire. Suit en souplesse une belle DS aux flocages Margnat Paloma. On s'y croirait. Ma collection de Modiano voit passer une belle auto d'antan noir et jaune surmontée par une figurine d'accordéoniste. Je suis certain que l'auteur d'*Un cirque passe* aura reconnu Yvette Horner. Pour être complet, je dispose, bien répartis au bord de la chaussée en bois, d'une escouade de porteurs de musettes qui tendent leurs victuailles d'un bras alerte aux forçats de la bibliothèque.

Ces trésors proviennent de deux cavernes d'Ali Baba. La première sent l'enfance. Ce sont mes petits coureurs d'autrefois, quand je jouais leur sort aux billes sur les plages de Pontaillac, ou aux dés sur les carrelages en damier de notre maison de Nieul-sur-Mer. Je les avais perdus de vue. Je croyais même les avoir égarés jusqu'au jour où ils réapparurent dans la maison de mon père, après son décès. Je les ai retrouvés un soir dans un tiroir, enveloppés dans du papier journal. Je les ai nommés un à un avec émotion. Malgré les peintures écaillées, les outrages du temps, je les ai reconnus. Un chiffon trempé d'eau tiède les a ressuscités. Ils forment un serpent sans sonnette sur le manteau de ma cheminée, au bord de la mer, au milieu des embruns. Est-ce le vent iodé ? J'ai l'impression qu'avec l'âge, ils ont arqué le dos, rentré les épaules. Comme moi. Si j'approche mon oreille de leur conciliabule, à la façon des coquillages interprétant l'air de la mer, ils exécutent une douce sonate. Roulis et roues libres.

Le peloton lancé à l'assaut de mes livres est

d'une origine plus récente. Hésitant à dépouiller ma troupe rochelaise, je suis parti en quête de sang neuf. Encore que mes nouvelles recrues remontent parfois aux années d'avant guerre... C'est dans une boutique qui ne paie pas de mine, au 40 avenue Ledru-Rollin (Paris 12e) que j'ai trouvé la source intarissable du bonheur cycliste. Les propriétaires, prudents, n'ouvrent leurs portes que le vendredi. Le reste du temps, ils bichonnent leur collection dans leur campagne tranquille de l'Yonne. Dès qu'ils lèvent le rideau de leur échoppe baptisée « Aux collections du sport », un monde merveilleux surgit. Tout ce qui a été écrit sur la course cycliste en général et le Tour de France en particulier se trouve là, en piles instables que retiennent d'autres piles branlantes. Le maître des lieux, Charles Guénard, a d'ailleurs lui-même commis quelques ouvrages sur d'anciennes gloires, comme Raymond Riotte qui porta le maillot jaune en 1967.

Les tiroirs et les armoires débordent d'affiches, de posters, de photos et de cartes postales anciennes à la gloire, évidemment, des coursiers d'hier et d'aujourd'hui. À ma première visite, un homme en pardessus au fort accent flamand devisait avec le patron sur les grands « flahutes » de l'histoire du cyclisme, de Rik Van Looy à Herman Van Springel, en passant par Roger De Vlaeminck, dit « le Gitan », quatre fois vainqueur du Paris-Roubaix. À propos de ce puncheur hors pair, mon complice de *L'Équipe* le grand reporter Benoît Heimermann, au retour d'une visite chez « le Gitan », me fit cette confidence : de toute sa carrière cycliste, De Vlaeminck n'a gardé qu'un agenda, celui de l'année 1975, sa meilleure saison. Dans ce carnet, il a scrupuleusement noté le classement de chaque course à laquelle il a participé. Inscrivant sa place et celle d'Eddy Merckx. Rien d'autre. Pas même le nom du vainqueur si ce n'était pas l'un des deux. Lui et Merckx, Merckx et lui. C'est tout. Il a ainsi calculé le nombre de fois où il a battu le Cannibale. C'est sa fierté, sa référence. Voilà le genre d'idée fixe que suscitait le roi Eddy. Ocaña, lui, avait baptisé son chien Merckx pour le seul plaisir de lui crier : « Au pied, Merckx ! »

Cette mise en jambes touche à sa fin. Je pense au prochain Tour de France. Enfourcherai-je ma bécane de course, comme j'en rêve, pour un périple aventureux, une Grande Boucle qui bouclerait ma propre boucle d'apprenti cycliste ? Je fais comme si. D'un coureur qui a couru et terminé l'épreuve, on dit dans le jargon qu'il est devenu « un Tour de France ». Une sorte de compagnon, de bon artisan dont le chef-d'œuvre a été d'aller au bout sans caler. J'aimerais à ma manière, même sur le tard, goûter l'honneur de cette appellation. Devenir à mon tour un « Tour de France ». Le jour, je pédale. Et la nuit, un petit vélo tourne dans ma tête, sans s'arrêter.

Un petit vélo dans l'athlète	9
Petit éloge du soleil d'automne	21
Petit éloge des forçats de la route	27
Petit éloge du Tour en noir et blanc (1)	33
Petit éloge d'un rêve éveillé	47
Petit éloge du Tour en noir et blanc (2)	59
Petit éloge de *La Course en tête*	67
Petit éloge des critériums (d'après-Tour)	77
Petit éloge de quelques cols pénibles	81
Petit éloge du chaud et soif	89
Petit éloge de la caravane qui passe (et jamais ne lasse)	95
Petit éloge de la lutte antidopage	99
Petit éloge à l'intérieur du petit éloge	115

Composition IGS-CP
Impression Novoprint
à Barcelone, le 8 mai 2013
Dépôt légal : mai 2013

ISBN 978-2-07-045219-4. Imprimé en Espagne.

250491